Umwelthinweis: Gedruckt auf chlorfrei gebleichtem Papier

Herausgeber: Polyglott-Redaktion
Autorin: Sylvia Bohlender
Lektorat: Polyglott-Redaktion
Art Direction: Illustration & Graphik Forster GmbH, Hamburg
Karten und Pläne: Gundula Hövelmann
Titeldesign-Konzept: V. Barl
Realisation: Studio Wolf Brannasky

Ergänzende Anregungen, für die wir jederzeit dankbar sind,
bitten wir zu richten an:
Polyglott-Verlag, Redaktion, Postfach 40 11 20, D-80711 München.

Alle Angaben wurden sorgfältig geprüft. Dennoch kann keine Gewähr
für Vollständigkeit und Richtigkeit übernommen werden.

Zeichenerklärung

❶	Information	
◷	Öffnungszeiten	
☎	Telefonnummer	
📠	Faxnummer	
✈	Flugverbindungen	
🚌	Busverbindungen	
⛴	Schiffsverbindungen	
⌂	Hotel	
$⑤⟩⟩	DZ ab 130 US$	
$⑤⟩	ab 80 US$	
$⑤	ab 50 US$	
⌂	Restaurant	
$⑤⟩⟩	Hauptgericht ab ca. 28 US$	
$⑤⟩	15–20 US$	
$⑤	um 10 US$	

Routenpläne

━━①━━	Route mit Routenziffer
━━━━━	Autobahn, Schnellstraße
━━━━━	sonstige Straßen, Wege
━━━━━	Staatsgrenze, Landesgrenze
━━━━━	National-, Naturparksgrenze

Stadtpläne

━━━━━	Durchgangsstraße
━━━━━	sonstige Straßen
━━━━━	Fußgängerzone
━━━━━	Fußweg

Erste Auflage 1995

Redaktionsschluß: Juni 1995
© 1995 by Polyglott-Verlag Dr. Bolte KG, München
Printed in Germany
ISBN 3-493-62927-3

Polyglott-Reiseführer

Bahamas

Sylvia Bohlender

Polyglott-Verlag München

Allgemeines

Stadtbeschreibung

Nassau – Vom Piratenschlupfwinkel zum Banken- und Touristenzentrum S. 48

Ein Spaziergang durchs Regierungsviertel vorbei an alten traditionsreichen Hotels hin zum neuen Nassau: der Bay Street, dem zollfreien Einkaufsparadies.

Inseln

New Providence

Insel der zwei Gesichter S. 42

Die Hauptstadt Nassau und die Urlaubsparadiese Cable Beach und Paradise Island prägen den Nordosten der Insel. Der Rest: helle Strände, Dörfer, Sümpfe.

Grand Bahama

Kasino–Glamour und Delphine S. 58

Trubel in Freeport, Delphin-Show in Port Lucaya, feine Badestrände an der Südküste, blue holes im Lucayan National Park, Anglerfreuden in McLean's Town.

Eleuthera Harbour Island Spanish Wells

Ein Häuschen so schmuck wie das andere S. 65

Drei Inseln: eine pastellfarbene Idylle hübscher Orte und weiter, pudriger Sandstrände.

Abacos Islands

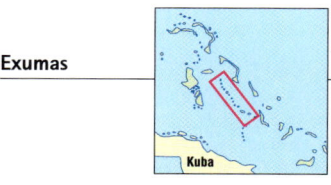

Schiffbau am Schiffsfriedhof   S. 70

Je nach Lust und Laune: Städtisches
Leben in Marsh Harbour oder heile
„weiße" Welt in Hope Town und auf
Man-O-War Cay, dem Bootsbauzentrum.

Exumas

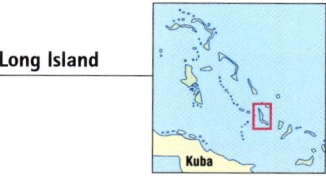

Für jeden Tag ein Cay   S. 76

Ideal für Naturfreunde: Auf vielen Cays
begegnet man nur Vögeln und Leguanen,
und selbst die Hauptstadt George Town
ist ein verschlafenes Nest.

Long Island

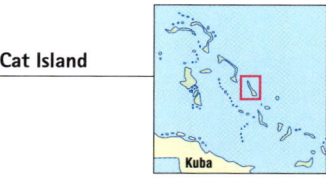

Haie am Riff   S. 80

Entspannung und Nervenkitzel auf der
„langen Insel" – am Strand Cape Santa
Maria, auf alten Baumwollplantagen und
beim Stelldichein mit Haien.

Cat Island

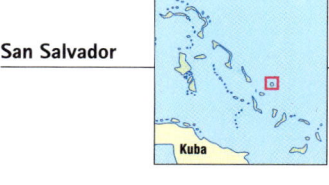

Unheimlicher Angelhaken   S. 82

Insel der Superlative: Hier leben die
meisten Obeah-Geister, hier erhebt sich
der höchste Berg des Archipels, Mount
Alvernia, mit dem kleinsten Kloster.

San Salvador

Kolumbus gab sich die Ehre   S. 84

Ein Kreuz-Monument in der Nähe von
Cockburn Town erinnert daran: Dieses
Eiland, heute ein internationaler Taucher-
treff, hat Kolumbus als erstes entdeckt.

Andros

Pinien, Sümpfe und ein Riff   S. 85

Der sumpfige Westen ist unbewohnbar, in
den Dörfern an der Ostküste gibt es wenig zu sehen. Um so faszinierender ist ein
Tauchausflug zum Andros Barrier Reef.

Bimini Islands

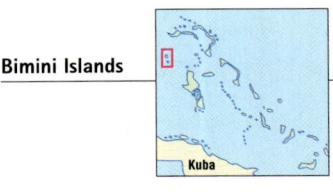

Hemingway auf der Spur   S. 87

Ein echtes Dorado für Hobbyangler kaum 80 km vor der Küste Floridas: In Alice Town ist man von Kopf bis Fuß aufs Hochseefischen eingestellt.

Berry Islands

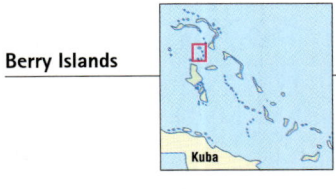

Überall „schillernde Vögel"   S. 88

Die Mischung macht's: Auf manchen der 30 Mini-Inseln leben nur seltene Vögel, andere wurden von der High-Society in Besitz genommen.

Inagua

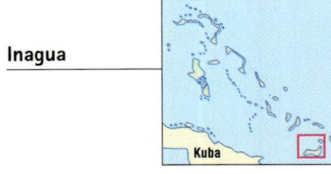

Dem Wappentier alle Ehre   S. 90

Reich ist die trockene und windige Insel im doppelten Sinne: In Matthew Town wird Salz gewonnen, und am Lake Windsor brüten Zehntausende Flamingos.

Acklins & Crooked Islands

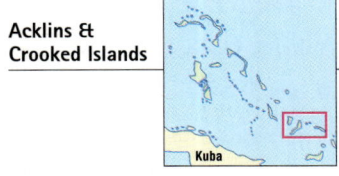

Leguane in der Lagune   S. 91

Ein wahres Naturparadies: ein paar hundert Fischer und Bauern, einsame Sandstrände, drei alte Leuchttürme und einige Leguane.

Fremde Kulturen kennenlernen und gastfreundlichen Menschen begegnen – wie sehr genießen wir das auf Reisen. Zu Hause bei uns jedoch wird mancher Ausländer von einer kleinen Minderheit beschimpft, bedroht und sogar mißhandelt. Alle, die in fremden Ländern Gastrecht genossen haben, tragen hier besondere Verantwortung. Deshalb: Lassen Sie es nicht zu, daß Ausländer diffamiert und angegriffen werden. Lassen Sie uns gemeinsam für die Würde des Menschen einstehen.

Verlagsleitung und Mitarbeiter des Polyglott-Verlages

Editorial

Als Kolumbus und seine Mannschaft nach einer langen und entbehrungsreichen Atlantikfahrt 1492 erstmals auf eine Kette von Inseln stießen, die von tückischen Untiefen umgeben war, nannten sie das Gebiet *baja mar,* das flache Meer. Schließlich wurde Bahamas daraus, und der Archipel ein Tummelplatz verwegener Piraten, Hort nach Glaubensfreiheit strebender Puritaner und Zufluchtsort königstreuer Loyalisten.

Im 20. Jahrhundert haben sich die Inseln des *baja mar* zum Eldorado der Finanzmanager und Urlauber aus aller Welt gewandelt. Alle sind auf der Suche nach ihrer ganz persönlichen Schatz- oder Robinsoninsel. Und Auswahl haben sie dabei reichlich: Zu den Bahamas gehören 700 Inseln und dreimal soviele Cays, und so kommen Reisende, die ihr Glück in einem turbulenten, zollfreien Einkaufsparadies oder im Kasino zu finden glauben, ebenso auf ihre Kosten wie Sporttouristen oder Naturliebhaber, die weit ab von der hektischen Zivilisation ihrem Hobby – dem Tauchen, Segeln, Angeln oder „Aussteigen-auf-Zeit" – nachgehen wollen.

Die Bahamaner sind ein außergewöhnlich buntes Völkchen. Europäische Piraten, afrikanische Sklaven und amerikanische Auswanderer – alle spielen ihre Rolle in der abenteuerlichen, ja zum Teil anarchischen Geschichte und in der vielschichtigen Kultur dieser Inselgruppe im Atlantik.

Und wer hier einmal längere Zeit verbracht hat, wird den Bahamanern zustimmen, die stolz behaupten, daß es auf der ganzen Welt keinen Ort gibt, der mit ihren Eilanden zwischen Florida und dem karibischen Inselbogen zu vergleichen ist.

Willkommen auf den Bahamas

Warum eigentlich nicht Rosa für ein Auto auf den Bahamas?

Die Autorin

Sylvia Bohlender lebt seit 1990 in Florida. Sie schreibt als freie Publizistin und Korrespondentin internationaler Touristikmagazine über die vor ihrer Haustüre gelegenen Inseln der Karibik sowie über die USA und Kanada.

Inseln wie Sand am Meer

Trinkwasser und fruchtbarer Boden sind auf den Bahamas Mangelware. Andere Schätze aber sind hier so zahlreich wie nirgendwo sonst. Hübsche Inseln gibt es wie Sand am Meer, fast dreitausend an der Zahl, wenn man jedes Zipfelchen Land, das aus dem Wasser ragt, mitrechnet. Die sengende Sonne der Tropen kann die geheimnisvollen *blue holes* nur bis in wenige Meter Tiefe erhellen und läßt die Luft über urweltlichen Sümpfen und Salzseen wabern. Die Passatwinde aber mildern die Hitze an den endlosen, mal strahlend weißen, mal zauberhaft rosafarbenen Stränden, die der Atlantik, der in Blau- und Grüntönen schillert, umspült. Und in den stillen Dörfern kommt man schnell in Kontakt mit den freundlichen Menschen, die großen Wert auf ihre Freiheit legen.

Lage und Landschaft

Geographisch rechnet man ihn meist zur Karibik, aber im Grunde liegt er schon im Atlantik, der über 1000 km lange Archipel der Bahamas, der sich von der Ostküste Floridas bis zur Südostspitze Kubas hinzieht. Zählt man jede Sandbank, jedes Felsriff, das aus dem Wasser ragt, so bestehen die Bahamas aus rund 700 Inseln und mehr als 2500 Cays. *Cay* – gesprochen: *kih* – ist eine Ableitung des spanischen Wortes *cayo* und bedeutet kleine Insel.

Insgesamt wird die Landmasse der Bahamas auf knapp 14 000 km² geschätzt. In Größe und Umriß sind die einzelnen Inseln völlig verschieden, landschaftlich aber ähneln sie sich: niedrige, dichte Pinienwälder, mangrovenbewachsene Sümpfe, Lagunen und Brackwasserseen, kaum nennenswerte Erhebungen (der höchste „Berg" ist der 63 m hohe Mount Alvernia auf Cat Island) und kilometerlange, feine, helle Sandstrände. Es gibt praktisch keine Flüsse auf den Inseln, nur wenige Süßwasserseen, und nutzbares Grundwasser ist ebenso rar.

Das Fundament der Bahamas sind die *Kleine* und die *Große Bahama-Bank,* riesige Kalkplateaus, die von tiefen Meeresgräben begrenzt werden. Die *Straße von Florida* trennt die Inseln im Nordwesten vom nordamerikanischen Kontinent; zwei weitere große Rinnen, der *Northwest* und der *Northeast Providence Channel,* trennen Andros, mit ca. 6000 km² die größte Insel der Bahamas, und New Providence von Grand Bahama und den Abacos; die mit rund 1800 m tiefste Meeresrinne *Tongue of the Ocean* befindet sich zwischen Andros und den Exumas; im Südwesten begrenzt der *Old Bahama Channel* die Inselgruppe in Richtung Kuba.

Quer durch die Große Bahama-Bank und mitten durch Great Exuma verläuft der Wendekreis des Krebses *(Tropic of Cancer).* Acklins Island und Crooked Island, Great Inagua, Mayaguana Island und die Ragged Island Range, die unterhalb dieses Breitengrades (23,5 Grad Nord) liegen, werden häufig zusammenfassend als die „südlichen Inseln" bezeichnet.

Neuere Erkenntnisse zur geologischen Entstehung der sogenannten Bahama-Platte besagen, daß sich Nordamerika vor rund 165 Millionen Jahren vom afrikanischen Kontinent abgespalten hat und nach Westen gedriftet ist. Dabei soll sich die Mikroplatte der Bahamas gelöst haben und schließlich zwischen Florida und Kuba zur Ruhe gekommen sein. Auf ihr lagerten sich dann über Millionen von Jahren Flachwassersedimente, vor allem Kalksande, ab, während der Untergrund stetig absank. So entstanden die mehrere tausend Meter mächtigen Bahama-Bänke. Gleichzeitig wuchsen an einigen Stellen riesige Korallenstöcke heran.

Klimatische Veränderungen in den vergangenen zwei Millionen Jahren, insbesondere aber die vier Eiszeiten der letzten 500 000 Jahre haben das Landschaftsbild des heutigen Bahamas-Archipels – über und unter Wasser – geformt. Während der Eiszeiten sank weltweit der Meeresspiegel um mehrere Meter. So entstanden großflächige Inselverbände, auch als *Isla Grande* oder *The Great Bahamian Island* bekannt. Hätte es auf dem Höhepunkt der letzten Eiszeit schon Menschen auf den Bahamas gegeben, hätten sie trockenen Fußes von den heutigen Bimini Islands im Norden ins rund 600 km entfernte Long Island wandern können. Die unzähligen kleinen Cays, die heute nur zaghaft aus dem Wasser spicken, waren damals nichts als Erhebungen auf den großen Inseln. Die endgültige Meer-Land-Verteilung im karibischen Raum war vor ca. 18 000 Jahren abgeschlossen. Der durch die geschmolzenen Gletscher angestiegene Meeresspiegel sorgte dafür, daß weite Uferstreifen und niedrig gelegene Landstriche überflutet, höhere Lagen isoliert wurden – so entstanden die vielen kleinen Inseln.

Steckbrief

Staatsform: Parlamentarische Demokratie; Mitglied des British Commonwealth

Bevölkerung: ca. 255 000 Einw., 170 000 in der Hauptstadt Nassau auf New Providence; Amts- und Umgangssprache ist Englisch

Geographisches: ca. 700 Inseln und 2500 Cays mit einer Gesamtfläche von 13 935 km²

Höchster Punkt: Mount Alvernia auf Cat Island, 63 m

Größte Insel: Andros, ca. 6000 km²

Kleinste (bewohnte) Insel: St. George's Cay (mit Spanish Wells), ca. 2 km²

In allen Türkis- und Blautönen schillert das Wasser im Archipel

Zu Tausenden türmen sich an einigen Stränden die Conchs

Die *Isla Grande* verkam zu einem unfruchtbaren Landstrich, auf dem sich lediglich spärlicher Bewuchs halten konnte. Das Regenwasser drang schnell ins Kalkgestein ein, löste den Kalk zum Teil auf und schuf Hohlräume, durch die das Wasser unterirdisch abfloß.

Auf diese Verkarstung des Kalkgesteins, die schon in den Eiszeiten begann, sind die weitverzweigten Unterwasserhöhlensysteme und die unzähligen „Blauen Löcher" zurückzuführen. Diese *blue holes* deutet man als Höhleneingänge. Befinden sich die Öffnungen im Meer, werden sie *ocean holes* genannt. Grundsätzlich wird zwischen normalen *blue holes* und den *boiling holes* unterschieden. Letztere vermitteln den Eindruck, als würde das Wasser kochen: Durch Brandung oder Gezeitenströmungen verändert sich der Wasserspiegel; der dabei entstehende Druck preßt Wasser und Luft durch die Höhlengänge und läßt dieses Gemisch an den Öffnungen blubbernd austreten. Allein auf Andros gibt es schätzungsweise rund 400 der sagenumwobenen *blue holes,* die erst in unergründlichen Tiefen zu enden scheinen.

Klima und Reisezeit

Die Bahamas bieten sich das ganze Jahr über als Reiseziel an. Die subtropische bis tropische Lage, die Passatwinde und der Golfstrom im Nordwesten sorgen für relativ gleichbleibende Temperaturen, die sich im Verlauf des Jahres tagsüber zwischen 20 und 30 °C und nachts zwischen 17 und 21 °C bewegen. Das Wasser hat mit 23 °C im Februar und 28 °C im August beinahe Badewannenqualität.

Anders als im benachbarten Florida ist der Himmel über den Bahamas meist wolkenlos und strahlend blau. Niederschläge gibt es im Winterhalbjahr nur selten, dafür kommt es im Sommer – vor allem im Juni und August – immer wieder zu heftigen tropischen Regengüssen, die aber nur kurze Zeit andauern. Die südlichen Inseln erhalten nur

etwa halb so viel Regen wie New Providence und die nördlichen Inseln.

Wie in der südlichen Karibik oder in den Südstaaten der USA herrscht auch auf den Bahamas von Juni bis November *Hurrikan-Saison.* Ein karibisches Sprichwort sagt: „June too soon, July stand by, August one must, September remember, October all over". In der Regel treten die tropischen Wirbelstürme zwischen August und Oktober auf. Erst 1992 wurden Eleuthera, Harbour Island, Spanish Wells, Bimini und Berry Islands genauso wie das benachbarte Südflorida von Hurrikan *Andrew* verwüstet. Laut einer Statistik, die seit 90 Jahren das Wettergeschehen der Bahamas dokumentiert, werden die Inseln im Schnitt alle neun Jahre von einem Wirbelsturm dieser katastrophalen Gewalt heimgesucht. Ein ausgezeichnetes und sehr effektives meteorologisches Warnsystem kündigt die karibischen Orkane allerdings frühzeitig an, so daß die Möglichkeit besteht, die Inseln rechtzeitig zu verlassen.

Eine optimale Reisezeit für Urlauber mit begrenztem Budget ist der Sommer. In dieser Jahreszeit läßt sich so manches Schnäppchen machen – Unterkünfte sowie Freizeit- und Sportangebote sind 20 bis 60 % billiger als im Winter. Die Gründe: nachmittägliche kurze Regenfälle, eventuelle Wirbelstürme (s. o.) und die (falsche) Annahme vieler Touristen, daß es im Sommer auf den Inseln zu heiß sei.

Bevölkerung

Von den etwa 700 Inseln sind nur rund 30 bewohnt; die überwiegende Mehrheit der rund 255 000 Einwohner der Bahamas lebt in den beiden großen Städten Nassau auf New Providence Island (170 000 Einw.) und Freeport auf Grand Bahama Island (41 000 Einw.). 80 % der Bahamaner sind Farbige, die übrigen 20 % Weiße. Die sogenannten *African Bahamians* haben meist afrikanische Sklaven als Vorfahren. Sie sind in allen Gesellschaftsschichten vertreten, und seit die weiße Minderheitsregierung Ende der 60er Jahre die Macht abgeben mußte, stellen sie – ihrem Anteil an der Gesamtbevölkerung entsprechend – auch in der Regierung die Mehrheit.

Die weißen Bahamaner stammen von Einwanderern aus Europa und den USA ab: Mitte des 17. Jhs. kamen die „Eleutherianischen Abenteurer", ein paar Dutzend britischer Puritaner, die vorher auf den Bermudas gelebt hatten. Sie wünschten sich größere religiöse Freiheit und ließen sich auf einer Insel nieder, die sie programmatisch Eleuthera nannten (abgeleitet vom griechischen *eleuthera* – „die Freie"). Ebenfalls auf der Suche nach einem neuen Lebensraum – allerdings aus politischen Gründen – waren in der zweiten Hälfte des 18. Jhs. die Loyalisten. Diese treuen Anhänger der britischen Krone kehrten Nordamerika den Rücken, nachdem die Kolonien sich vom Mutterland gelöst hatten.

Mit Beendigung des Amerikanischen Bürgerkriegs 1861–1865 kam es erneut zu einer Zuwanderungswelle: Diesmal waren es Bürger aus den amerikanischen Südstaaten, die auf die Bahamas drängten. Freilich trifft man auch den einen oder anderen, der seine Wurzeln voller Stolz auf einen der schillernden Piraten und Freibeuter oder wenigstens einen gewieften Schmuggler zurückverfolgen kann.

Die Lucayaner (s. S. 18), die Ureinwohnern der Bahamas wurden von den spanischen Eroberern schon um 1500 in nur 25 Jahren ausgerottet.

Auf den Bahamas wird Englisch gesprochen; allerdings hat man anfangs vielleicht einige Verständnisschwierigkeiten, denn Betonung und Aussprache vor allem der African Bahamians sind gewöhnungsbedürftig.

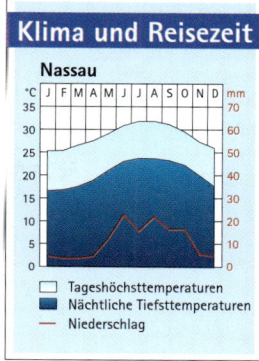

Klima und Reisezeit

Nassau

- Tageshöchsttemperaturen
- Nächtliche Tiefsttemperaturen
- Niederschlag

Ohne Schleifchen oder Zöpfchen kommt kein Frauenkopf aus

Diese Höhle auf den Exumas war Drehort eines James-Bond-Films

„People-to-People"

Der direkte Draht zu den Bahamas

Wer das Alltagsleben der Bevölkerung aus nächster Nähe kennenlernen möchte, hat die Möglichkeit, an dem People-to-People-Programm der bahamanischen Tourismusbehörde teilzunehmen. Diese Form der persönlichen Begegnung von Touristen und Einheimischen wurde 1975 in Nassau und ein Jahr später in Freeport etabliert. Inzwischen sind auch einige Out Islands mit von der Partie – zum Beispiel Abaco, Exuma, Bimini und San Salvador.

In Nassau gibt es derzeit über 1000, in Freeport etwa 400 Einheimische, denen es Spaß macht, einige Zeit mit Touristen zu verbringen und diese mit ihrer Heimat und ihrer Kultur vertraut zu machen. Das für Touristen kostenlose Programm wird auf Anfrage vom Ministerium für Tourismus arrangiert.

Zunächst muß der Reisende einen Fragebogen ausfüllen; die Auswertung der Antworten hilft, einen passenden einheimischen Partner auszuwählen. Nur geringe englische Sprachkenntnisse stellen dabei kein Hindernis dar, denn es gibt auch Bahamaner im Programm, die deutsch sprechen. Die Treffen finden meist nach 17 Uhr oder an den Wochenenden statt, da viele der freiwilligen Kontaktpersonen berufstätig sind. Die Urlauber wohnen allerdings nach wie vor im Hotel und nicht in dem Haus ihrer Gastgeber.

Ein besonderer Höhepunkt des People-to-People-Programms ist die große *Tea Party* im Government House (in der Zeit von Januar bis August jeweils am letzten Freitag des Monats), bei der die Teilnehmer des Programms von der Gattin des Generalgouverneurs empfangen werden.

Zum People-to-People-Programm gehören das *Home-Away-From-Home-Programm,* das Gastfamilien für ausländische Studenten vermittelt, die an bahamanischen Colleges eingeschrieben sind, die *People-to-People Weddings,* ein von der Tourismusbehörde arrangiertes Serviceprogramm für Paare, die auf den Bahamas heiraten wollen, und das *Pen Pal Program* zur Vermittlung von Brieffreundschaften.

Wer am People-to-People-Programm oder an einer Heirat unter bahamanischer Sonne interessiert ist, sollte sich möglichst lange im voraus an das Bahamas Tourist Office wenden.

Für Deutschland, Österreich, Schweiz: Leipziger Str. 67d, D-60487 Frankfurt, ☏ (069) 970 83 40, 📠 97 08 34 34.

Auf den Bahamas:

The Manager, People-to-People, P.O. Box N-3701, Nassau, ☏ 326-5371 oder 326-9772, 📠 328-0945; The Coordinator, People-to-People, P.O. Box F-40251, Freeport, Grand Bahama, ☏ 352-8044.

Religion

Eines haben die meisten Bahamaner – egal welcher Hautfarbe und Herkunft – gemeinsam: Sie sind tief religiös. Dabei ist keine bestimmte Religionsgemeinschaft besonders dominant. Vielmehr gibt es ein interessantes Kaleidoskop verschiedener (vorwiegend christlicher) Glaubensgruppen. Rund drei Viertel der Bevölkerung sind Baptisten, Methodisten, Katholiken und Anhänger der englischen Episkopalkirche. Darüber hinaus üben weitere christliche Gemeinschaften (Presbyterianer, Lutheraner, Mormonen und Zeugen Jehovas) sowie Juden und Moslems ihre Religion in friedlicher Koexistenz aus. Zum Erbe der afrikanischen Einwanderer gehören spirituelle Praktiken, die zum Teil neben den „offiziellen" Religionen gepflegt werden (s. S. 25).

Gesellschaft

Einkommen und Bildung entscheiden über den gesellschaftlichen Rang. Aber auch Abstammung und Hautfarbe spielen eine Rolle, obwohl die in der Karibik durchaus gängige Regel „je hellhäutiger, desto angesehener" auf den Bahamas weit weniger Gültigkeit hat als auf den Nachbarinseln. Zwar hatte hier lange Zeit eine weiße Minderheit wirtschaftlich und politisch das Sagen, aber inzwischen hat die friedliche Revolution der Farbigen diesen zu Gleichberechtigung verholfen.

Auf den Bahamas gibt es eine erstaunlich große Zahl sehr reicher und mächtiger Leute, die es durch harte Arbeit, eine Portion Glück, in manchen Fällen aber auch durch illegale Schmuggelgeschäfte (heutzutage meist Drogen) zu ihrer privilegierten Stellung gebracht haben. Auch weist die Statistik eine breite bürgerliche Mittelschicht aus, die ihre Einkünfte vorwiegend aus Handel und Tourismus bezieht.

Die relativ arme Unterschicht (mit niedrigem Bildungsgrad) sucht ihrem tristen Dasein nicht selten durch Alkohol- und Drogenkonsum zu entrinnen. Am untersten Ende der sozialen Stufenleiter stehen die Einwanderer aus den armen karibischen Nachbarstaaten, aus Haiti oder der Dominikanischen Republik. Diese kommen oft auf illegalen Wegen als Gastarbeiter ins Land; sie gelten als sehr fleißig, sind in der Regel aber ohne schulische oder berufliche Qualifikation, sprechen nur wenig Englisch und leben häufig isoliert in Hütten am Rande der Stadt. Die Haitianer und Dominikaner haben mit den typischen Problemen von Arbeitsmigranten und Flüchtlingen zu kämpfen: Sie haben wegen ihres andersartigen kulturellen Hintergrundes den Status von Außenseitern und sehen sich mit dem wachsenden Unmut der einheimischen Bevölkerung konfrontiert, die sie als Konkurrenz auf dem Arbeitsmarkt betrachtet bzw. glaubt, daß diese Gruppen staatliche Sozialleistungen in Anspruch nehmen, ohne angemessen zu deren Finanzierung beizutragen.

Vielleicht weit stärker als die Zugehörigkeit zu einer sozialen Schicht bestimmt auf den Bahamas der Wohnort den täglichen Rhythmus und die Mentalität der Menschen. Ob Kultur oder Wirtschaft, alles Wichtige spielt sich in Nassau (170 000 Einw.) auf New Providence und in Freeport und Lucaya (zusammen rund 40 000 Einw.) auf Grand Bahama ab. Der Tagesablauf der Städter ist von festen Arbeitszeiten, finanziellem und sozialem Druck geprägt. Hier spricht man über das Phänomen Streß – wenngleich in bahamanischer Auslegung. Auch nimmt die Kriminalität zu, die in der Regel mit Drogen in Zusammenhang steht. Die übrigen Inseln sind weniger dicht besiedelt, der Alltag hat einen geruhsameren Takt – Natur und Familie sind dort die bestimmenden Elemente. „Out Islands" nannten die Bahamaner diese Inseln, bis man den Begriff als abwertend empfand und sie in „Family Islands" umtaufte. Erst mit der politischen Wende 1992 kam der alte Name Out Islands wieder in Mode, um damit zivilisationsmüde, ruhesuchende Urlauber anzulocken.

Wirtschaft

Im Vergleich zu den Nachbarinseln in der Karibik scheint der Lebensstandard auf den Bahamas recht hoch – das jährliche Pro-Kopf-Einkommen beträgt rund 11 000 $. Allerdings täuscht dieser Durchschnittswert über die extremen Einkommensunterschiede (s.o.) hinweg.

Wirtschaftlicher Schwerpunkt ist der Tourismus. Das Geschäft mit den Besuchern aus aller Welt – 1994 wurden etwa 3,7 Millionen gezählt – hat in den vergangenen Jahren regelmäßig über die Hälfte des Bruttosozialproduktes erwirtschaftet, allein 1993 waren es mehr als 3 Mrd. US$. Rund die Hälfte der arbeitenden Bahamaner, ca. 50 000 Menschen, haben ihr Auskommen in der Tourismusbranche.

Mit rund 10 % des Bruttosozialproduktes folgt das Bank- und Finanzgeschäft (Off-Shore-Banking) als zweitwichtigster Wirtschaftsfaktor. Etwa 3500 Menschen sind in diesem Sektor beschäftigt. Zu Beginn des Jahres 1993 gab es über 400 in- und ausländische Unternehmen, die im Bankenbereich oder in der Vermögensverwaltung aktiv waren.

Seit Ende der 60er Jahre gelten die Bahamas als idealer Ort für Bankgeschäfte aller Art, vor allem weil das Bankgeheimnis staatlich garantiert ist und Einzahlungen und Kapitalerträge steuerfrei sind. Daß die Experten des internationalen Geldgeschäftes ihr Vertrauen in die Bahamas setzen, ist sicher auch auf die politische Stabilität des Landes zurückzuführen.

In der jüngsten Vergangenheit hat man sich von Regierungsseite aus bemüht, Leichtindustriezweige zu etablieren, wie zum Beispiel die Bier-, Rum-, Salz- und pharmazeutische Produktion. Fischfang und Agrarwirtschaft haben eine vergleichsweise geringe Bedeutung und dienen in erster Linie der Selbstversorgung der Bahamaner.

Gott suchen ... und finden

*Kampf dem Drogenschmuggel:
Luftschiff der US Coast Guard*

Freibeuter, Schmuggler und Schieber

Verfolgt man die Geschichte der Bahamas, so entdeckt man eine „Gepflogenheit", die sich wie ein roter Faden durch die vergangenen Jahrhunderte zieht. Der Boden war für den Ackerbau wenig geeignet, aber die geographische Lage und die unzähligen Inseln und versteckten Buchten waren geradezu prädestiniert für die Geschäfte von Piraten, Schmugglern und Freibeutern. Sicherlich mußten die Bahamaner als geschickte Schiffsbauer und Fischer nicht darben, allerdings ließ sich immer erheblich mehr Geld mit dem Plündern gestrandeter Schiffe und dem Schmuggel verdienen. Vor allem während des Amerikanischen Bürgerkrieges machten die Insulaner mit den Blockadebrechern lukrative Geschäfte, und vor dem Zweiten Weltkrieg warf der Alkoholschmuggel zur Zeit der Prohibition in den USA erneut immense Profite ab. Heute sind es Crack, Kokain und Marihuana, die im völlig unübersichtlichen Inselwirrwar nach Norden verschoben oder per Flugzeug illegal in die Vereinigten Staaten gebracht werden. Die Schiebereien, die in den „guten alten Zeiten" fast öffentlich stattfanden und viele profitieren ließen, liegen nun verschwiegen in den Händen weniger. Und das Geschäft mit den Drogen scheint, ungeachtet der gemeinsamen Bemühungen bahamanischer und US-amerikanischer Behörden, gut zu laufen. Gelernt ist eben gelernt.

Politik

Nach rund 250 Jahren unter britischer Kolonialherrschaft erhielt das *Commonwealth of The Bahama Islands* am 10. Juli 1973 die staatliche Unabhängigkeit. Die Spitze der parlamentarischen Demokratie bildet eine Ministerialregierung, die alle vier Jahre durch freie und unabhängige Wahlen bestimmt wird.

Einst waren die Staatsgeschäfte fest in der Hand der sogenannten *Bay Street Boys,* der wohlhabenden weißen Minderheit, die auch die Wirtschaft der Bahamas kontrollierte. In der zweiten Hälfte des 20. Jhs. aber sollte sich das Blatt zugunsten der dunkelhäutigen Mehrheit der Bevölkerung wenden. Sie entwickelte politisches Bewußtsein und organisierte sich seit den 50er Jahren in politischen Parteien, zum Beispiel in der *Progressive Liberal Party (PLP);* die Anhänger der konservativen Bay Street Boys schlossen sich im Gegenzug in der *United Bahamian Party (UBP)* zusammen. Es begann ein öffentlicher politischer Streit, der in unverminderter Härte viele Jahre andauern sollte. Immer häufiger kam es zu politisch motivierten Streiks, die 1963 schließlich dazu führten, daß mit Hilfe der britischen Regierung eine neue, demokratische Verfassung für den Inselstaat ausgearbeitet wurde. Das alte Parlament, in

Die Bahamas nach der politischen Wende

Viele Bahamaner hatten sie herbeigesehnt, die Wende in der Regierungspolitik. Jahrzehntelang hatte Lynden Oscar Pindling, der Führer der PLP, die Geschicke der Bahamas bestimmt. Längst nicht mehr allein zum Vorteil und wirtschaftlichen Fortschritt des Inselstaates. Hubert Ingraham, der Führer des *Free National Movement (FNM)*, versprach, im Falle seines Wahlsieges Reformen durchzuführen und die zunehmende Korruption unter den Regierungsbeamten zu bekämpfen.

Nach dem Regierungswechsel 1992 deuten heute die Bilanzen darauf hin, daß Ingrahams Politik mehr als nur frischen Wind nach Nassau gebracht hat. So wurde z.B. das fast 60 Jahre währende Monopol der staatlichen Rundfunkgesellschaft *Broadcasting Corporation of The Bahamas (ZNS)* aufgehoben, und eine wachsende Anzahl privater Radiostationen konkurriert mit den Staatssendern.

Auch den Ruf der Bahamas als Steuer- und Finanzparadies galt es aufzupolieren und die Inseln noch attraktiver für ausländische Investoren zu machen. Zu diesem Zweck wurden verschiedene Reglementierungen im Steuer-, Wirtschafts- und Immobilienbereich gelockert und eine sog. *One-Stop-Shop-Agency* eingerichtet. Sie berät Geschäftsleute aus dem In- und Ausland.

Nachdem der Tourismus durch die Rezession in den USA starke Einbußen hatte hinnehmen müssen, sorgte das Tourismusministerium dafür, daß mehrere staatlich geführte Hotels und Ferienanlagen privatisiert wurden. Zur Belebung des Fremdenverkehrs auf den Out Islands strebt man eine Verbesserung der Infrastruktur an, zum Beispiel werden die „Straßen", die derzeit eher an Schweizer Käse erinnern, frisch geteert und wieder für Autos ohne Allradantrieb befahrbar gemacht.

Im Bildungsbereich hat man den Eltern und Lehrern in öffentlichen Schulen größeres Mitspracherecht eingeräumt, mehr Lehrer eingestellt, neue Schulräume geschaffen und die Schulpflicht von 8 auf 10 Jahre heraufgesetzt. Nicht zuletzt hat Hubert Ingraham dem Drogenschmuggel mit härteren Maßnahmen und einer besseren Zusammenarbeit mit der Küstenwache der USA verstärkt den Kampf angesagt.

dem die weiße Minderheit das Sagen hatte, wurde aufgelöst.

Auch nach der Wahl 1964 behielt die UBP unter Premierminister Roland Symonette das politische Zepter in der Hand. 1967 aber gelang es der oppositionellen PLP unter ihrem jungen Führer Lynden Pindling durch einen dauerhaften Sitzungsboykott, Neuwahlen zu erwirken. Die Koalition mit anderen Parteien sorgte dafür, daß der temperamentvolle Lynden Pindling schließlich als Premierminister die Macht in Nassau übernehmen konnte. Viele rechnen ihm und seinen Gefolgsleuten, aber auch den geschlagenen Anhängern der Bay Street Boys noch heute hoch an, daß dieser politisch bedeutsame Wandel gewaltfrei und demokratisch vonstatten ging.

Fischer beim Sortieren ihres Fangs auf dem Markt von Nassau

Die nächste Zerreißprobe erwartete die junge Demokratie in den 70er Jahren, als die Entscheidung um die Unabhängigkeit von Großbritannien anstand. Die Engländer waren der Ausübung ihrer Kolonialmacht müde geworden, die PLP war begeistert von der Aussicht, nun endlich völlig eigenständig handeln zu können, dagegen war die Oppositionspartei *Free National Movement* (FNM), die 1972 gegründete Nachfolgerin der UBP, überzeugt, daß die Unabhängigkeit den wirtschaftlichen Untergang des Inselstaates zur Folge haben würde. 1972 fand in London eine Unabhängigkeitskonferenz statt, und der 10. Juli 1973 setzte einen Schlußstrich unter die englische Kolonialherrschaft.

Nassau ist heute ein sicherer Arbeitsplatz für Banker

Nun begann unter Lynden Pindling eine neue Ära. Fast 20 Jahre sollte es dauern, bis Pindling, ausgelaugt und von Korruptionsskandalen in den eigenen Reihen geschwächt, im August 1992 der Opposition das Regieren überlassen mußte. Hubert Ingraham heißt seither der ebenfalls farbige Premierminister und Führer der FNM.

Die bahamanische Flagge

Friedliche Indianer, eroberungssüchtige Spanier, skrupellose Piraten, auf Religionsfreiheit hoffende Pioniere, loyale Royalisten, gewiefte Schmuggler, die Nachfahren afrikanischer Sklaven und nach Reichtum und Macht strebende Unternehmer, sie alle sind Teil der turbulenten Geschichte der Bahamas. Diese begann, als vor ca. 1300 (nach anderen Angaben vor 700) Jahren die friedliebenden Lucayaner, die zur Sprachgruppe der Arawak-Indianer gehörten, vor den kriegerischen Kariben aus der südlichen Karibik auf die Bahamas flohen.

Am **12. Oktober 1492** betritt Christoph Kolumbus, der im Auftrag der spanischen Krone den Seeweg nach Indien sucht, erstmals eine Insel der Neuen Welt, vermutlich San Salvador. Nur ein Vierteljahrhundert später sind die Ureinwohner der Bahamas, die Lucayaner, vollständig ausgerottet.

1629 beansprucht England die Bahamas. 20 Jahre später strandet eine Gruppe von Briten, die von den Bermudas kommt, auf der Insel Eleuthera; diese „Eleutherianischen Abenteurer" gründen die erste europäische Siedlung der Bahamas.

1656 wird New Providence an der Stelle des heutigen Nassau besiedelt.

Das **18. Jahrhundert** markiert eine turbulente Zeit auf den Bahamas; abwechselnd ringen gesetzlose Piraten, Briten, Amerikaner und die Spanier um die Macht über die Inseln. *1718* wird Captain Woodes Rogers vom britischen Königshaus zum Gouverneur der Bahamas ernannt. Rogers vertreibt die Piraten aus Nassau und versucht, auch auf anderen Inseln Ordnung zu schaffen.

1834 befreit der *United Kingdom Emancipation Act* alle Sklaven des

Die Lucayaner

Lange vor der Ankunft von Kolumbus waren die Bahamas von einem anderen Volk entdeckt und besiedelt worden, den Lucayanern. Sie gehörten zur Sprachgruppe der ursprünglich auf dem südamerikanischen Festland beheimateten Arawak-Indianer. *Lukku-Cairi,* das Inselvolk, hatten sich die ersten Archipelbewohner selbst genannt.

Wie die späteren Siedler waren die Lucayaner auf der Suche nach einem sicheren Lebensraum. Vom 8. bis zum 14. Jh., so vermuten die Völkerkundler, sahen sie sich ständigen Konfrontationen mit den wilden Kariben ausgesetzt. Diese waren in der gesamten karibischen Inselwelt aufgrund ihres kriegerischen Verhaltens gefürchtet. Immer weiter wichen die friedliebenden Lucayaner von den Großen Antillen nach Norden zurück, bis sie außerhalb des

eigentlichen karibischen Inselbogens auf dem Bahama-Archipel eine neue Heimat fanden. Doch selbst hier waren sie vor den Raubzügen ihrer Nachbarn nicht sicher. Zwar verfügten die Lucayaner über Pfeil, Bogen und Speere, setzten diese aber nur zur Jagd ein.

Während der wenigen Jahrhunderte, die die rund 40 000 Lucayaner in relativem Frieden auf den bahamanischen Inseln verbringen durften, betätigten sie sich als Fischer und Bootsbauer. Das Meer war der Mittelpunkt ihres Lebens, ihm entnahmen sie den größten Teil ihrer Nahrungsmittel. Abgerundet wurde ihr Speisezettel durch die Produkte bescheidenen Feldbaus. Die Ureinwohner der Bahamas waren außerdem geschickt im Weben, Töpfern und im Herstellen von Schmuck.

Ihre Friedensliebe und Arglosigkeit sollten die Lucayaner nur wenige hun-

British Empire. Allerdings vergehen noch einige Jahre, bis das Gesetz überall in die Praxis umgesetzt wird.

1861–1865 führt der Amerikanische Bürgerkrieg (Sezessionskrieg) auf den Bahamas zu einer vorübergehenden wirtschaftlichen Blüte, da Nassau zu einem wichtigen Hafen für die Blockadebrecher wird, die die Südstaaten trotz des Verbotes der Nordstaaten weiter mit Waren versorgen. Nach dem Ende des Amerikanischen Bürgerkriegs herrscht wieder Ebbe in den Kassen der Bahamas.

1919–1933 Die Prohibition in den USA führt zu einem florierenden Alkoholschmuggel und bringt den Inseln neuen Wohlstand.

1940 Der Herzog von Windsor wird nach seinem Verzicht auf den englischen Thron zum Gouverneur der Bahamas ernannt.

1964 Den Bahamas wird das Recht auf Selbstverwaltung eingeräumt, Sir Roland Symonette zum ersten Premierminister des Archipels ernannt.

1967 übernimmt die *Progressive Liberal Party (PLP)* die Regierungsgeschäfte, deren Führer Lynden Pindling die schwarze Mehrheit der Bevölkerung vertritt.

Am **10. Juli 1973** endet die fast drei Jahrhunderte während britische Kolonialherrschaft. Die Bahamas werden unabhängig, bleiben aber als parlamentarische Monarchie im British Commonwealth eng mit der englischen Krone verbunden.

1992 Nach dem Premierminister Pindling und die PLP 25 Jahre lang die Staatsgeschäfte geführt haben, gelingt es Hubert Ingraham und seiner Partei *Free National Movement (FNM)*, die Macht zu übernehmen.

dert Jahre nach ihrer Flucht auf die Bahamas mit ihrer völligen Ausrottung bezahlen. Diesmal kam die Gefahr nicht aus dem Süden, sondern über das Meer in Gestalt der spanischen Konquistadoren. Die Ankunft der Spanier markierte den Anfang vom Ende der lucayanischen Kultur. Zwar kehrten die Spanier den Bahamas schon bald wieder den Rücken, weil sie hier nicht das erhoffte Gold fanden, kurz darauf jedoch wurden sie auf der benachbarten Insel Hispaniola fündig.

Für die harte und gefährliche Arbeit in den Goldminen versklavten die skrupellosen Eroberer die ansässigen Indianer, die Taínos, die wie die Lucayaner zum Stamm der Arawak gehörten. Die Taínos starben bald dahin – durch die unmenschliche Schinderei, durch eingeschleppte europäische Krankheiten, gegen die sie keine Abwehrstoffe besaßen, oder aber durch Mord.

Kolumbus' Ankunft auf den Inseln

Die Spanier sahen den Abbau des Edelmetalls zunehmend gefährdet. Auf der Suche nach frischen Arbeitskräften besannen sie sich auf die Ureinwohner der Bahamas. Die Spanier nahmen die Lucayaner gefangen und verschleppten sie in die Todesminen Hispaniolas. Einige der Indianer starben schon im Kampf um ihre Freiheit, andere auf der Überfahrt. Alle übrigen erwartete das gleiche Schicksal wie die Taínos. In nur 25 Jahren hatten die Konquistadoren die Lucayaner ausgerottet. Eine Bilanz, die die traumhaft schönen Inseln der Bahamas erst einmal für längere Zeit unbewohnt lassen sollte.

Kolumbus und die Bahamas

Jahrelang hatte der genuesische Seefahrer und Abenteurer Christoph Kolumbus immer wieder bei der königlichen Familie Spaniens vorgesprochen: Er hatte einen Plan und brauchte zu dessen Realisierung Geldgeber – den Westweg nach Indien wollte er finden. Die Aussicht, per Schiff viel schneller in das Land zu gelangen, in dem es unermeßlich viel Gold, Silber und kostbare Gewürze geben sollte, überzeugte schließlich das Königshaus. 1492 segelte Cristóbal Colón, wie Kolumbus in Spanien genannt wurde, mit den Karavellen Niña und Pinta, dem Flaggschiff Santa María und über 100 Mann Besatzung auf dem Atlantik gen Westen.

Kolumbus hatte ausreichend Proviant, Waffen und zum Tausch verwendbare Gegenstände – zum Beispiel Glasperlen und Spiegel – an Bord. Vier lange Wochen der Ungewißheit vergingen auf hoher See, ehe die ersten Vögel signalisierten, daß bald Land in Sicht sein würde. Kolumbus war wohl genauso erleichtert wie seine Mannschaft, denn bis dato hatte niemand bewiesen, daß die Erde tatsächlich rund war.

Man schrieb den 12. Oktober 1492, als Christoph Kolumbus zum ersten Mal seinen Fuß auf die kleine Insel San Salvador setzte, und bis zu seinem Tode im Jahre 1506 glaubte Kolumbus fest daran, in Indien gelandet zu sein. Die Europäer nannten die Inselbewohner daher „Indianer".

Nach seinem Landgang auf San Salvador segelte Christoph Kolumbus nach Süden weiter und gelangte Ende Dezember 1492 zu einer großen Insel, die er Hispaniola nannte (heute: Haiti/Dominikanische Republik). Die Santa María lief dort auf ein Riff, und seine Rettung verdankte Kolumbus den Indianern Hispaniolas. Inzwischen hatte sich Martín Pinzón, der Kommandeur der Pinta, mit seinen Männern auf einen mörderischen Beutezug begeben.

Gold wollten die spanischen Abenteurer finden, und zwar möglichst schnell und viel. Dabei gingen sie nicht gerade zimperlich mit den Bewohnern der karibischen Inseln um. Kolumbus, der von der Unverdorbenheit der Eingeborenen beeindruckt war, mißbilligte diese Handlungsweise zwar, bestrafte die Männer aber nicht für ihre Übergriffe.

Anfang 1493 begaben sich die Niña und die Pinta wieder auf den Heimweg. Das spanische Königshaus zeichnete Kolumbus mit einem Admiralstitel aus und zahlte ihm eine hohe Belohnung.

Heute, 500 Jahre später, sind sich die Geschichtswissenschaftler, die sich mit Christoph Kolumbus beschäftigen, immer noch nicht sicher, ob die Insel San Salvador tatsächlich die erste Station auf der Reise des Seefahrers in die Neue Welt war. Das Logbuch der Santa María existiert nicht mehr. Lediglich die Chroniken des Geistlichen Bartolomé de Las Casas, dessen Aufzeichnungen sich mit denen von Kolumbus decken sollen, stellen eine verläßliche (?) Quelle dar. Zwei Umstände machen die genaue Festlegung der Reiseroute schwierig: Zum einen ähneln sich die Beschreibungen der verschiedenen Inseln sehr, zum anderen stimmen die heutigen Namen nicht mehr mit denen überein, die sie von den Indianern bzw. den spanischen Eroberern erhalten hatten.

Kultur gestern und heute

Nicht die Kasino-Shows im Las-Vegas-Stil oder das gelegentliche Opernereignis in Nassau, sondern Junkanoo und Goombay, die Strohflechtkünste der Frauen auf den Out Islands, das bahamanische Clapboard-Haus und die geheimnisvollen, auf abgelegenen Inseln allgegenwärtigen Obeah-Riten machen die Kultur der Bahamas aus.

Die sanften, rollenden Rhythmen des *Goombay* hört man das ganze Jahr über. Diese musikalische Form vereint musikalische Elemente aus drei Kontinenten: afrikanische Stammeslieder sowie Musik der Ureinwohner und der britischen Kolonialherren. Ursprünglich wurde der Goombay auf unterschiedlich großen Ziegenfelltrommeln gespielt, heute jedoch kommen Piano, Saxophon oder Gitarre als Basisinstrumente zum Einsatz, die von Bongotrommeln, *maracas* (Rasseln) und Klanghölzern *(rhythm sticks)* begleitet werden. Die angenehmen Klänge des Goombay haben längst auch auf anderen tropischen Inseln, z. B. auf den benachbarten Bermudas, unzählige Interpreten und ein begeistertes Publikum gefunden, ihre Heimat aber bleiben die Bahamas.

Kunst und Handwerk

Das Flechten von Strohartikeln, seien es Körbe, Hüte, Taschen, Matten oder auch Puppen, könnte man das bahamanische Kunsthandwerk schlechthin nennen. Die besten Stücke fertigen die Frauen auf den Out Islands, besonders auf Long Island. Die Körbe sind so eng geflochten,

Von Cat Island nach Hollywood: Sidney Poitier

Strohflechten hat Tradition auf den Bahamas

Heiße Steeldrum-Session auf dem Wasser

Feste und Veranstaltungen

Januar: Noch in der Silvesternacht, rund drei Stunden vor dem Morgengrauen des Neujahrstages, beginnt überall auf den Bahamas das *Junkanoo*-Festival (s. S. 24) mit Straßenumzügen, Musik und maskierten Tänzern. Bester Ort: Nassau.

April: Die *Family Island Regatta*, der wichtigste Segelwettbewerb der Bahamas, findet jedes Jahr Ende April in George Town auf den Exumas statt. Ein Ereignis, das eine Unmenge von Bahamanern und Touristen als aktive Wettkampfteilnehmer sowie als Publikum anzieht und die Exumas in einen großen Rummelplatz mit *Skipper Parties* und Junkanoo-Paraden verwandelt.

Juni: Das *Goombay Summer Festival* dauert von Juni bis Oktober und macht mit der Goombay- und Junkanoo-Musik bekannt. Die Veranstaltungen finden durchgehend auf allen touristisch erschlossenen Inseln statt.

Juli: Während der *Independence Week* wird die 1973 erlangte Unabhängigkeit von der britischen Kolonialmacht gefeiert. Höhepunkt der Festlichkeiten mit Paraden und Feuerwerken ist der Unabhängigkeitstag am 10. Juli.

Oktober: Am 12. Oktober wird der *Discovery Day*, der Jahrestag der Ankunft des Christoph Kolumbus, gefeiert. Bester Ort: San Salvador.

November: Am 5. November, dem *Guy Fawkes Day*, zeigt sich die Verbundenheit mit der englischen Geschichte. Während der nächtlichen Straßenparaden wird die Guy-Fawkes-Puppe gehängt und anschließend feierlich verbrannt. Bester Ort: Nassau.

Dezember: In den frühen Morgenstunden des 26. Dezember *(Boxing Day)* beginnen die *Junkanoo*-Feierlichkeiten mit Paraden und Straßentänzen; am Neujahrstag wird das Fest fortgesetzt. Bester Ort: Nassau.

daß man sie sogar kurze Zeit als Wasserbehälter benutzen kann. Verkauft werden die meisten Gegenstände in den Strohmärkten der Touristenzentren von Nassau, Freeport und Lucaya. Auf den Out Islands besteht jedoch die Möglichkeit, direkt vor Ort den geschickten Flechterinnen bei der Arbeit zuzuschauen und gegebenenfalls auch günstiger einzukaufen.

Die Ruhe und Gelassenheit der Inseln hat viele ausländische Künstler, Maler und Schriftsteller auf den Bahamas ihre Zelte aufschlagen lassen, u. a. lebte der amerikanische Erfolgsautor Ernest Hemingway mehrere Jahre auf den Bimini Islands (s. S. 88/89). Aus der Riege der Einheimischen verbuchte der auf Cat Island aufgewachsene Schauspieler Sidney Poitier (geb. 1924) internationalen Erfolg. Ihm gelang in den 60er Jahren der Durchbruch in Hollywood („In der Hitze der Nacht", 1966; „Der Weg der Verdammten", 1971; „Mörderischer Vorsprung", 1988). Für seine Hauptrolle in „Lilien auf dem Felde" (1962) erhielt er – als erster farbiger Hauptdarsteller – einen Oscar.

Architektur

Klima, geographische Lage und die Geschichte der Bahamas trugen zur Entstehung eines speziellen Architekturstils bei, der besonders ausgeprägt auch heute noch im historischen Dunmore Town auf Harbour Island im Norden Eleutheras, aber auch im benachbarten Spanish Wells oder vor Abaco in New Plymouth auf Green Turtle Cay und in Hope Town auf Elbow Cay zu finden

Ideal für tropisches Klima:
das Clapboard-Haus aus Holz

Junkanoo: kunterbunt und lebensfroh

Keine Veranstaltung auf den Bahamas ist so laut, farbenfreudig und ausgelassen wie *Junkanoo*, der oft mit dem Karneval in Rio oder dem *Mardi Gras* (Karnevalsdienstag) in New Orleans verglichen wird. Das Fest – eines der wichtigsten Ereignisse des bahamanischen Kulturkalenders – stammt noch aus der Zeit der Sklaverei, als die weißen Kolonialherren auf den Bahamas befahlen und die Schwarzen auf den Plantagen bis zur Erschöpfung arbeiten mußten. Feiertage waren rar, und so nutzten die Schwarzen die wenigen freien Stunden zwischen Weihnachten und Neujahr, um ausgiebig zu feiern. Höhepunkt des Junkanoo ist **Boxing Day,** der 26. Dezember; aber auch in den ersten Stunden des neuen Jahres finden Straßenfeste und aufwendige Umzüge statt.

Wie der Junkanoo seinen Namen erhalten hat, bleibt umstritten: Viele glauben, daß der Begriff auf einen Sklaven und ehemaligen afrikanischen Häuptling namens John Canoe zurückgehe, andere wiederum leiten ihn vom französischen *gens inconnus*, die „Unbekannten" oder „Maskierten", her.

Sicher ist, daß die Merkmale der frühen Junkanoo-Praktiken Parallelen zu afrikanischen Riten aufweisen. So vermutet man die Wurzeln des Junkanoo hauptsächlich bei den Yoruba. Von ihnen stammen wohl die meisten bahamanischen Sklaven ab. Bei den Yoruba zelebrierten auserwählte Maskenträger ein Tanzritual, das Teil eines animistischen Ahnenkultes war und den Glauben an die Unsterblichkeit der menschlichen Seele spiegelte. Jede Maske stellte den Geist eines Verstorbenen dar, der durch den Tanz wieder zum Leben erweckt wurde.

Auch Verarbeitung und Farben der Masken sowie Kostüme zeigten in den Anfängen des Junkanoo Ähnlichkeiten mit der Kleidung der Tänzer im alten Afrika, welche aus gefärbten Stoffen oder Leder bestand und ihren Träger von Kopf bis Fuß bedeckte. Die frühe bahamanische Adaption zeichnete sich durch die kunterbunten, phantasievollen Papier- und Stoffkostüme der Tänzer aus. Ihre Masken waren in der Regel nur aufgemalt. Die Junkanoo-Tänzer verkörpern unterschiedliche Figuren: Es gibt Stelzentänzer, Clowns, aber ebenso Obeah-Geister.

Die zum Junkanoo gehörende Musik wird mit Pfeifen, Hörnern, Conch-Schnecken, Goombay-Trommeln aus Ziegenfell und -leder und bahamanischen Kuhglocken (!) erzeugt. Dabei handelt es sich um eine sehr spezielle Mischung aus schrillen, tiefen und vor allem ohrenbetäubend lauten Tönen, die inzwischen zur nationalen Erkennungsmusik der Bahamas avanciert ist. In den letzten 50 Jahren hat sich der Sound sogar als eigenständige, typisch bahamanische Musikrichtung etabliert, und heute spielt man ihn auch ohne Straßenfest und Umzüge.

Die großen Junkanoo-Feiern finden – der Tradition entsprechend – um die Weihnachtszeit statt. Wer aber die Bahamas zu einer anderen Zeit besucht, muß trotzdem nicht auf das Junkanoo-Erlebnis verzichten: In den Touristenzentren von Nassau und Freeport werden das ganze Jahr über Mini-Junkanoos in den Hotels veranstaltet: eine verlockende Kostprobe auf die bunte Show, die zu Weihnachten und Neujahr alt und jung überall auf die Straßen treibt.

Seit einiger Zeit gibt es eine interessante Ausstellung zu diesem Thema, die **Junkanoo-Expo** im ehemaligen Lagerhaus der Zollbehörde am Hafen von Nassau (s. S. 54); dort werden Kostüme, Umzugswagen und Musikinstrumente gezeigt und die Geschichte des Junkanoo erläutert.

ist. Das bahamanische *Clapboard-Haus* ist so gebaut, daß die Passatwinde mit leichter Brise durch die Fensteröffnungen die Innenräume durchlüften und somit kühlen. Eine hohe Decke und Ventilatoren verstärken die Wirkung der stromfreien Klimaanlage. Ein bewegliches Brett oberhalb des Fensters sorgt je nach der Neigung für Schatten oder Schutz vor Regengüssen und Stürmen. Um die Luftzirkulation gerade während der heißen und feuchten Sommerzeit zusätzlich zu verbessern und das Haus vor Überflutungen zu schützen, steht das Clapboard-Haus auf niedrigen Holz- oder Ziegelstelzen. Das Haus selbst besteht aus buntgestrichenen Holzbrettern, die in früheren Zeiten nicht genagelt, sondern einfach ineinandergesteckt wurden. Was sich zunächst relativ zerbrechlich anhört, entpuppt sich auf Grund seiner Flexibilität als äußerst stabile Konstruktion. So haben viele alte Clapboard-Häuser schon tropische Unwetter überstanden, die moderne Steinbauten in Sekunden zu einem Haufen Schutt zerlegt haben.

Auch in Nassau werden zu Weihnachten die Straßen geschmückt

Obeah

Zum kulturellen Erbe der Bahamas gehört auch *Obeah*. Dieser speziell auf den Out Islands, besonders auf Cat Island, noch immer praktizierte, geheimnisvolle Spiritismus hat seine Wurzeln in den religiösen Vorstellungen Afrikas und ist mit europäischem Aberglauben und christlichen Glaubenselementen durchsetzt. Er birgt Ähnlichkeiten zu den Voodoo-Praktiken auf Haiti, der Santería auf Cuba und dem Shango auf Trinidad.

Pappmaché-Figur in der Junkanoo-Expo in Nassau

Die abgeschiedene Lage vor allem der Out Islands und die explosive Mischung unterschiedlichster Kulturen und Mentalitäten in der Vergangenheit boten einen fruchtbaren Nährboden für die Entwicklung eigenwilliger Glaubensformen und des Vertrauens in die Macht übernatürlicher Kräfte. Spricht man die Insulaner auf Obeah an, so werden sie lachen und diese Praktiken

So bunt wie die Junkanoo-Maske ist auch der Karneval

Inselmedizin

Jumbay, Cerasee, Strongback, Lifeleaf, Soldier Vine, Love Vine ... Lebensblatt, Soldatenrebe, Liebesrebe ... Die über 50 Pflanzen, die in der Hausapotheke der Insulaner eine Rolle spielen, haben recht eigenwillige Namen. Bevor der Durchschnittsbahamaner den Arzt aufsucht, versucht er es mit der Buschmedizin. Tatsächlich scheint auf den Inseln gegen jedes Wehwehchen ein Kraut gewachsen zu sein. Vor allem auf den abgelegenen, spärlich besiedelten Out Islands war und ist man auf Selbsthilfe angewiesen. Von Generation zu Generation wurde das Wissen über die Heilkraft der Pflanzen übermittelt.

Klagt jemand über Beschwerden, so wird eine der Frauen des Familienclans ihre Wunderapotheke konsultieren, Pflanzen sammeln, Aufgüsse für Tees oder Kompressen zubereiten. Selbst in Nassau greift so mancher bei einer Grippe erst einmal zum Cerasee-Tee, dem eine Prise Salz und Limonensaft ein feinherbes Aroma verleihen.

Cerasee ist eine schnell wachsende Rebe, mit leuchtend gelben Blüten und orangefarbenen Samen. Soldier Vine, zu deutsch Soldatenrebe, kriecht recht unscheinbar am Boden dahin und soll – der Name läßt es schon vermuten – die Manneskraft revitalisieren, während die Brotfrucht, die von dem legendären Kapitän Bligh (Meuterei auf der Bounty) von den Pazifischen Inseln in die Karibik gebracht wurde, hohen Blutdruck und Kopfschmerzen lindert. Seaside Morning Glory oder Bay Hop findet man im Überfluß an den Stränden; beide helfen bei Frauenbeschwerden.

Daß allein der Glaube Berge versetzen kann? Die Einheimischen schwören auf die Kräfte der *bush doctors,* und selbst Experten können die Wirkung der Pflanzenextrakte nicht leugnen. Mystisch wird die Angelegenheit nur in der Hand von Obeah-Priestern (s. S. 25 f.), die die Buschmedizin für ihre geheimnisvollen, spirituellen Praktiken verwenden.

als uralten Hokuspokus bezeichnen, oder aber – und dies gilt für die Mehrzahl der farbigen Out Islander – so tun, als wüßten sie gar nicht, wovon die Rede ist. Kein Wunder, denn über Obeah spricht man nicht, schon gar nicht vor Fremden und vor allem dann nicht, wenn man an die dunklen Mächte glaubt und sich vor ihnen fürchtet.

Wer als Fremder dennoch die Spuren der Obeah-Riten suchen möchte, fährt am besten nach Cat Island, Andros oder Long Island. Dort zeugen bereits die Symbole an den Häusern der Einheimischen vom Glauben an die Welt der Geister. Auf den Dachfirsten der Hütten von Obeah-Anhängern sind spitze, nach oben gerichtete Blechzacken angebracht; sie sollen verhindern, daß sich ein böser Geist auf dem Heim niederläßt. Aber auch mit Fetischen – leeren Flaschen, Knochen und Gläsern

– geschmückte Bäume im Vorgarten eines Hauses deuten darauf hin, daß dort Obeah-Anhänger wohnen. Sterben die Eltern einer gläubigen Familie, so kommt es vor, daß die Nachkommen die Hütte verlassen und direkt daneben eine neue bauen. Damit soll umgangen werden, mit dem Geist eines Verstorbenen in einer Hütte leben zu müssen.

Mit etwas Geduld und viel Einfühlungsvermögen kann es dem interessierten Besucher gelingen, das Vertrauen eines Obeah-Gläubigen zu gewinnen und ihn zu überreden, die eine oder andere Obeah-Geschichte zu erzählen. Doch Vorsicht: Besonders die Out Islander (oft auch heute noch ohne Fernsehapparat und Telefon) verfügen über eine rege Phantasie, und es ist nicht immer leicht zu sagen, welche Ereignisse ein Quäntchen Wahrheit in sich tragen oder was Fiktion ist.

Die magischen Rituale werden von Obeah-Männern oder -Frauen ausgeübt, zu denen Fremde ohne die Hilfe Einheimischer kaum je Zugang haben. Man könnte die Obeah-Zauberer mit den indianischen Medizinmännern vergleichen, und die Anwendung der bahamanischen Buschmedizin (s. S. 26) ist jener bedeutsame Teil ihrer Arbeit, der weniger mit Mystik zu tun hat als mit einem reichen Wissen über die Heilkraft der Pflanzen.

Geheimnisvoll wird es jedoch, wenn der Obeah-Mann sich selbst in Trance versetzt, in jenen Zustand also, der den Kontakt mit den Geistern erleichtert. Obeah-Meister bewirken Gutes oder Böses, sie können jemanden reich oder gesund machen, angeblich aber auch Krankheiten oder den Tod eines Menschen herbeiführen. Obeah-Männer und -Frauen arbeiten entweder mit Schwarzer oder Weißer Magie; letztere wird als mächtiger angesehen. Bei der Schwarzen Magie ruft man Teufel und Dämonen zu Hilfe, bei der Weißen Magie dagegen kommt der Bibel, dem Namen Jesu, Gebetsobjekten und biblischen Versen besondere Bedeutung zu. Mit beiden Formen der Magie läßt sich das erreichen, wovon die meisten Obeah-Erzählungen berichten: eine Person zu verwünschen oder aber – und das ist wesentlich schlimmer – mit einem Fluch zu belegen. Es heißt, daß die harmlosere Verwünschung von einem beliebigen Menschen mit Obeah-Kenntnissen wieder aufgehoben werden kann, den Fluch aber vermag nur derselbe Obeah-Zauberer, der ihn zuvor ausgesprochen hat, zurückzunehmen.

Obeah-Meister oder -Hexen sollen auch in der Gestalt von Tieren auftreten können, z. B. als Ratte oder Schlange. Besonders gefürchtet ist eine kleine, fette Schlange, die ein Halstuch um den Körper geschlungen hat. Das Tuch gilt als Zeichen dafür, daß es sich in Wirklichkeit um eine Hexe handelt, die ihre wahre Identität verbirgt. Wie gesagt: Obeah-Geschichten sind spannend – selbst für abgeklärte Mitteleuropäer.

Wehren böse Geister ab: Fetische des Obeah-Kultes

Brotfrucht-Baum

Junkanoo en miniature

Conch und Goombay Smash

Die Küche der Bahamas verrät die vielfältigen kulturellen Wurzeln der Inselbewohner. Man „borgte" sich kulinarische Elemente aus der Karibik, den USA, aus England und anderen europäischen Staaten und kombinierte sie mit den landestypischen Produkten. So entstand eine ganz spezielle Inselküche, in der das feste weiße Fleisch der Conch-Schnecke sowie andere Meeresfrüchte und Fisch unangefochten die Hauptrolle spielen.

Die *Conch* (sprich: konk) ist fester Bestandteil der meisten Gerichte. Das Innere der imposanten Schnecke, deren rosafarbene Schale für Touristen ein beliebtes Souvenir und für Einheimische ein Musikinstrument ist, schmeckt unbehandelt eher fad und kaut sich recht mühsam. Das ändert sich jedoch schnell, sobald ein Koch gekonnt Hand anlegt, die Conch kräftig würzt und zu einem säuerlichen Snack, einem Salat oder einer Vorspeise, einer Suppe oder gar zu einem sättigenden Hauptgericht verarbeitet.

Conch chowder zum Beispiel ist eine leckere Suppe, die aus kleingeschnittenem Conch-Fleisch und – je nach Laune des Kochs – einem phantasievollen Allerlei aus Kartoffeln, verschiedenen Gemüsen, Speck und Gewürzen besteht. Eine andere Lieblingsspeise der Bahamaner ist *conch salad*. Dafür werden rohe Conch-Stücke verarbeitet, denen eine recht saure und scharfe Marinade Zartheit und Geschmack verleiht. Dazu gibt man kleine Paprikastückchen und Zwiebeln. *Cracked conch,* ein Hauptgericht, ist paniertes Conch-Filet, das mit verschiedenen Gemüsen gereicht wird. Wer Schnek-kenfleisch eigentlich nicht mag, der sollte wenigstens die leckeren *Conch fritters* versuchen. In diesen wie Kroketten aussehenden Bällchen verbirgt sich relativ wenig des fein zerkleinerten Schneckenfleisches, und trotzdem sind sie echt bahamanisch.

Wenn nicht Conch, dann ist es der *grouper,* der auf dem Speisezettel der Familien steht. Der köstliche kabeljauähnliche Fisch kann auf vielerlei Art zubereitet werden, eine der leckersten Varianten ist sicherlich diejenige mit Mandelscheibchen. Eine weitere lokale Delikatesse kommt ebenfalls aus dem Meer: der *crawfish* oder *spiny lobster.* Der bahamanische Hummer, auf dessen Fang sich die Bürger von Spanish Wells spezialisiert haben, gilt als teure Gourmetspeise und ist nur von April bis August wirklich frisch. Außerdem findet man *crab meat* (Krabbenfleisch), *bonefish* und *snapper* häufig auf den Speisekarten.

Rotes Fleisch muß importiert werden, ein Grund, weshalb sich die bahamanische Küche auf Hühnchen konzentriert hat. Auch hier gibt es vielerlei Varianten, immer jedoch sind sie kräftig gewürzt. Dazu gibt es *peas 'n' rice,* ein pikantes Gemisch aus jungen Erbsen und weißem Reis, oder *johnny cakes,* längliche fritierte Mehlklößchen, mit denen man bestens Soße tunken kann.

Kein Dinner ohne Dessert, insbesondere auf den Bahamas. *Guava duff* wird leider nur noch dort gereicht, wo Köchin oder Koch sich noch die Mühe macht, diesen arbeitsaufwendigen Nachtisch herzustellen. Zubereitet wird die süße Speise aus dem saftigen Fruchtfleisch der Guajave und einer leckeren Zimtcreme.

Für welche Art Abendessen man sich auch entscheidet, ein romantisches Dinner bei mildem Kerzenlicht im Nobelrestaurant oder ein lustiges ungezwungenes Nachtmahl mit der Familie im einfachen Lokal auf dem Land – eines sollte man dabei immer beachten:

Während man in den Touristenzentren auch zu später Stunde dinieren kann, findet man sich auf den Out Islands spätestens um 20 Uhr zum Abendessen ein. Dort ist das Leben beschaulicher, und gegen 21.30 Uhr wollen die meisten Restaurantbesitzer selbst nach Hause gehen.

Obwohl er eigentlich aus der karibischen Nachbarschaft, aus Kuba und Jamaika, stammt, haben die Bahamaner den Rum schon früh zu ihrem Favoriten unter den alkoholischen Getränken erklärt, natürlich nicht ohne eigene, typisch bahamanische Cocktails daraus zu mixen: den *Yellow Bird* (Bananenlikör, Rum, Aprikosenbrandy, Galliano, Orangen- und Ananassaft), die *Bahama Mama* (Rum, Creme de Cassis, Grenadine, Zitronensaft, eine Prise Muskatnuß) und den *Goombay Smash* (Kokosnußrum und reiner Rum, Triple Sec, etwas Sirup, Ananas- und Zitronensaft). Natürlich hat auch hier jeder Barkeeper seine ganz speziellen Rezepte.

Wer zu viele Rumcocktails oder zuviel des süffigen, auf New Providence gebrauten Biers „Kalik" erwischt hat, dem kann – so behaupten die Bahamaner – am nächsten Morgen nur das bewährte Katerfrühstück helfen: gekochtes Conch-Fleisch in einer Marinade aus Zitronensoße, Butter, Zwiebeln und scharfem roten Paprika.

Das normale (weniger deftige) Frühstück ähnelt dem üppigen amerikanischen Breakfast. Es besteht aus Rühr- oder Spiegeleiern mit Schinken, Speck oder Würstchen, amerikanischen *pancakes* mit Sirup oder Fruchtkompott, Toast, Butter, Marmelade, dazu frisches Obst – Melone, Papaya, Erdbeeren, Kiwis – und verschiedene Gebäcksorten wie Croissants, amerikanische *muffins* (Teekuchen), *donuts* (Schmalzgebäck) und Quarktaschen. Zu trinken gibt es Kaffee, Tee und wunderbare frisch gepreßte Fruchtsäfte, die man auch zu jeder anderen Tageszeit in vielen Variationen angeboten bekommt.

Das Auge ißt mit: tropische Gaumenfreuden

Kräftig gewürzt ist Conch-Fleisch ein Genuß

Früchte und Gemüse haben hier ein herrliches Aroma

Natur pur

Naturfreunde, aber auch Vertreter der Tourismusbranche wissen es zu schätzen, daß die Bahamas ökologisch noch relativ intakt sind. Diese Tatsache ist nicht unbedingt einem ausgeprägten Umweltbewußtsein zu verdanken, es sind vielmehr eher zufällige Umstände, die die Natur der Bahamas an vielen Stellen in ihrer Ursprünglichkeit erhalten haben: Zum einen sind nur 30 Inseln des Archipels bewohnt, zum anderen gibt es dort – von wenigen Ausnahmen wie Grand Bahama abgesehen – so gut wie keine Industrie. Die Regierung ist heute spürbar darum bemüht, jenen paradiesischen Zustand zu bewahren. Denn man hat erkannt, daß es neben dem herrlichen Klima die unberührte Natur ist, die die Urlauber – und mit ihnen die Devisen – ins Land lockt.

Pflanzen- und Tierwelt

Die Fauna und Flora der Bahamas entfaltet vor allem unter Wasser in den zahlreichen kleinen und großen Riffgebieten eine außerordentliche Vielfalt und Schönheit. Ein unvergeßliches Erlebnis für Taucher und Schnorchler ist das riesige Andros Barrier Reef, das mit 225 km Länge als das zweitgrößte Barriereriff der Welt gilt (s. S. 85/86). Dort locken Korallengebilde in jeder nur erdenklichen Form und Farbe, Schwämme und andere geheimnisvoll aussehende Unterwasserpflanzen. Auch in den übrigen Teilen der insgesamt mehr als 2330 km² einnehmenden Riffregionen tummelt sich eine Vielzahl unglaublich farbenprächtiger Meerestiere – zum Beispiel die grüne Muräne, der Clownfisch, die blaugepunktete Gelbschwanzmakrele, der Riffbarsch, der Königsdrückerfisch und der kleine, lustige Vieräugige Borstenzähner, dessen zweites Augenpaar an den Hinterseiten „aufgemalt" ist. Ein Fisch, dem Angler besonders gerne in klaren und seichten Gewässern nachstellen, ist der *bonefish* (900–1800g). Weil er über ein phantastisches Gehör und gute Sehkraft verfügt wie auch pfeilschnell schwimmen kann, läßt er sich nur schwer fangen.

Die Landsäugetiere sind nur mit wenigen Arten vertreten. Neben den in früheren Zeiten von Siedlern zurückgelassenen verwilderten Schweinen, Eseln und Pferden (Abaco) gibt es noch 13 weitere Arten. Zwölf davon zählen zur Familie der Fledermäuse, das dreizehnte ist das eigentümliche *Hutia* (capromys), ein Nagetier, das in größerer Zahl auf den winzigen East Plana Cays, aber auch im Exuma Cays Land & Sea Park vorkommt. In den Gewässern des Archipels tummeln sich verschiedenste Wal- und Delphinarten, wie z. B. Blauwal, Buckelwal und Fleckendelphin.

Die Bahamas sind ein Vogelparadies. Rund 230 Vogelarten leben oder überwintern auf den Inseln, einige davon sind sehr selten, so zum Beispiel der vom Aussterben bedrohte bahamanische Papagei (Abaco, Inagua), die bahamanische Zwergelfe (ein Kolibri), die bahamanische Schwalbe, der Westindische Flamingo (Inagua, s. S. 90), der große Blaureiher, die Schleiereule, der Wanderfalke und die Bahama-Ente.

Der Archipel ist ferner Heimat von 44 Reptilienarten, darunter seltene Meeresschildkröten und der vom Aussterben bedrohte bahamanische Leguan (Allan's Cays im Exuma Cays Land & Sea Park und auf den winzigen Cays in der Lagune Bight of Acklins zwischen Crooked und Acklins Island). Insgesamt 29 Echsen- und 10 Schlangenarten leben auf den Inseln. Alle diese Schlangen sind nicht giftig; die bahamanische Boa constrictor allerdings kann – je nach Größenverhältnis zwischen Tier und Mensch – gefährlich werden.

Über 1370 verschiedene Pflanzenarten soll es auf den Inseln geben, rund 120 davon kommen ausschließlich hier vor. Zu den weitest verbreiteten Gewächsen gehören die Bahamanische Pinie, der

Mahagonibaum, die Weiße, Rote und Schwarze Mangrove, verschiedene Orchideenarten, die Guana-Beeren, *Bay Geranie* und *Sea Grapes* (Meerestraube). Leider stehen einige bahamanische Hartholzbäume und verschiedene Orchideenarten inzwischen auf der Roten Liste der bedrohten Pflanzen.

Nationalparks, Naturschutzgebiete

Um die Erhaltung der Artenvielfalt an Land wie auch unter Wasser geht es dem **Bahamas National Trust (BNT)**, einer gemeinnützigen Naturschutzorganisation, die sich über Spenden, Mitgliedsbeiträge und staatliche Zuschüsse finanziert. Der BNT verwaltet inzwischen über 160 000 ha Land in elf Nationalparks und Naturschutzgebieten. Der rund 455 km² große **Exuma Cays Land & Sea Park** schützt seltene Pflanzen und Tiere, darunter auch den großen Leguan, den *Rock Iguana*, und das ulkige *Hutia;* der **Inagua National Park** ist mit 750 km² eines der größten Flamingo-Schutzgebiete der westlichen Hemisphäre; der **Conception Island Park** ist ein wichtiges Winterquartier für Vogelschwärme und zugleich Brutstätte von Schildkröten; den rund 16 ha großen **Lucayan Nat. Park** auf Grand Bahama durchzieht eines der längsten Unterwasserhöhlensysteme der Erde; das **Retreat** auf New Providence, ein Naturgarten mit vielen Palmenarten, ist gleichzeitig das Hauptquartier des BNT. Darüber hinaus betreuen die Naturschützer auch **Peterson's Cay National Park** vor Grand Bahama, den **Pelican Cays Land & Sea Park** vor Abaco und weitere Reservate wie das **Black Sound Cay National Reserve**, eine winzige Mangroveninsel im Black Sound vor Green Turtle Cay bei Abaco.

Erfreulicherweise beschränken sich die Schutzzonen nicht allein auf die vom BNT betreuten Parks. So gibt es zum Beispiel noch den sehr sehenswerten, 5 ha umfassenden botanischen **Garden of the Groves** und das über 40 ha große

Hutia

Blüte des Roten Ingwer

Buckelwal beim Paarungsritual

Rand Memorial Nature Centre (beide Grand Bahama); die Gärten beheimaten nicht nur tropische Pflanzen, sondern auch Vögel wie den Westindischen Flamingo, das Wappentier der Bahamas.

❶ **The Bahamas National Trust,** P.O. Box N-4105, Nassau, The Bahamas, ☎ 393-1317 oder 393-2848.

Traumstrände

Jedesmal wenn man denkt, man habe ihn gefunden, den ganz persönlichen Lieblingsstrand, betritt man vielleicht eine neue Insel und entdeckt ein noch schöneres Juwel. Einige der schönsten Plätze seien hier kurz beschrieben:

Fernandez Bay auf Cat Island: Liebliche kleine Bucht mit feinem Sandstrand, der sanft ins Meer übergeht. Im Schatten der Casuarina-Bäume kann man faul in den Hängematten der Fernandez Bay Village dösen.

Harbour Island (Dunmore Town) vor Eleuthera: 5 km feiner, rosafarbener Sandstrand, umspült von türkisblauem, flachem Wasser.

Treasure Cay Beach auf Great Abaco Island: 6 km halbmondförmiger Strand mit blendend weißem Sand. Man hat hier einen schönen Ausblick auf die vorgelagerten Cays und vorübersegelnde Jachten.

Cape Santa Maria auf Long Island: Kilometerlanger, einsamer Sandstrand an der Nordwestspitze.

Weitere Traumstrände: *Love* und *Saunders Beach* im Norden, *South Beach* im Süden von New Providence; *Paradise Beach* auf Paradise Island; *Gold Rock Beach* und *Pelican's Point* auf Grand Bahama; *Great Harbour Cay* als Teil der Berry Islands (Muscheln!); *Stocking Island* vor George Town auf Great Exuma und die einsamen Naturparadiese des *Exuma Cays Land & Sea Park.*

Urlaub aktiv

Fast immer eine feuchte Angelegenheit

Der bahamanische Archipel ist ein wahres Dorado für Aktivurlauber. Dabei sind es nicht unbedingt die Inseln selbst, sondern eher das feuchte Drumherum, das die Herzen der Sportangler, Segler, Schnorchler und Taucher höher schlagen läßt. Die geheimnisvollen *blue holes,* die „Blauen Löcher" (s. S. 10), die klaren, fischreichen Gewässer mit ihren traumhaft schönen Korallenriffen, dramatischen Steilwänden und flachen Buchten sind geradezu perfekt für jegliche Art von Wassersport.

Tauchen und Schnorcheln

Neben den vielen Schiffswracks (s. S. 35) sind es vor allem die Riffe und Höhlen, die die Taucher reizen. Die Insel **Andros** mit dem zweitgrößten Barriereriff der Welt und der davor liegenden *Tongue of the Ocean,* einem Meeresgraben von über 1800 m Tiefe, gilt als das Taucherparadies schlechthin. Chub Cay auf den **Berry Islands** liegt am Nordende der Tongue of the Ocean, die wegen ihres Fischreichtums oft als *Fishbowl* (wörtl. Fischbecken) bezeichnet wird. Obwohl die **Bimini Islands** als Anglermekka bekannt wurden, scheinen die mysteriösen Gesteinsformationen im Meer vor Paradise Point (North Bimini) Taucher magnetisch anzuziehen – wird doch behauptet, daß es sich um die versunkene Stadt Atlantis handele. Nerven wie Drahtseile brauchen Taucher, die sich in den *rollercoaster,* die Achterbahn, an der Nordspitze **Eleutheras** wagen. Zehn Minuten dauert der Ritt auf der wilden Strömung dieses engen Unterwassertunnels.

Palmenstrand auf Great Exuma

Von der weltberühmten Unterwasser-höhle *Thunderball Grotto,* in der Film-held James Bond einst gefährliche Abenteuer zu überstehen hatte, bis hin zu völlig unerforschten Höhlen und geheimnisvollen Tiefen bietet der Norden der **Exumas** alles, was ein Schnorchler- und Taucherherz begehrt. **Grand Bahama,** Sitz der renommierten Tauchschule UNEXSO (s. S. 61), hat neben dem *Treasure Reef,* das wegen der hier versunkenen Goldschätze bekannt ist, eines der größten erforschten Unterwasserhöhlensysteme der Welt zu bieten. Spannend und abenteuerlich geht es am berühmten Hairiff von Stella Maris (s. S. 81) vor **Long Island** zu. Hier können mutige Taucher den Haien aus nächster Nähe beim Fressen zuschauen.

Schließlich bleibt noch die kleine Insel **San Salvador** zu erwähnen, die bei Tauchern und Schnorchlern schon immer ganz oben auf der Wunschliste stand. Leicht ließen sich 50 verschiedene Stellen mit Riffen und Steilwänden bis zu einer Tiefe von 12, 30 und 50 m aufzählen, die einen Einblick in die reiche Unterwasserflora und -fauna der Bahamas bieten: Große Barsche gibt es hier zu sehen, aber auch elegante Rochen, scheue Wasserschildkröten und hin und wieder einen neugierigen Hai.

Angeln

Glaubt man den schwärmerischen Berichten der Hobbyangler, so liegt rund um die Bahamas eines der fischreichsten Gewässer der Welt. Eine breite Palette an Speisefischen und ein großes Angebot an Charterbooten, Ausrüstern und Führern machen die Bahamas zum siebten Himmel für Freizeitangler. Die Kosten für einen halbtägigen Angelausflug (Boot für zwei bis sechs Gäste, Ausrüstung und Crew inklusive) belaufen sich auf rund 300 $. Wer beim Fischen den sportlichen Wettbewerb und das Publikum braucht, der kann an einem der unzähligen Angelturniere teilnehmen, die das ganze Jahr über auf den Inseln stattfinden.

Alles andere als bescheiden geben sich die **Bimini Islands,** die sich als *Big-Game Fishing Capital of the World* bezeichnen. Immerhin hat schon Ernest Hemingway, erfolgreicher Hochseeangler, Schriftsteller und Bimini-Fan (s. S. 89), in den 30er Jahren hier seine größten Fische an Land gezogen. Und auch heute jagt bei den Großfischen (Fächerfisch, Marlin und andere Schwertfische) ein Rekord den anderen.

Klein aber fein ist **Walker's Cay,** nördlich der Abacos. In der gleichnamigen Ferienanlage dreht sich von morgens bis abends alles ums Angeln. Kein Wunder, denn die Fischgründe um Walker's Cay sind ausgezeichnete Reviere für Hochseeangeln, Speerfischen und *shore fishing,* dem Angeln in flachen Küstengewässern. Dasselbe ist über die winzige Insel **Chub Cay** (Berry Islands) zu sagen. Barsche, Thunfische und Schnapper gibt es dort in Massen. Weitere beliebte Jagdgründe befinden sich vor **Cat Island** (Weltrekord im Fischen des Wahoo, einem leckeren Speisefisch, der sich bevorzugt an steil abfallenden Riffwänden aufhält), vor **North Eleuthera** und **Andros,** wo es angeblich viele Exemplare des besonders schwer zu fangenden *bonefish* (s. S. 30) gibt.

Bevor man sich auf die Jagd nach Meerestieren begibt, sollte man sich über die Regelungen zu Schonzeiten, Fangmengen und Artenschutzbestimmungen informieren. So ist es strengstens verboten, Wasserschildkröten und Schwämme aus dem Meer zu holen. *Crawfish,* der teure Hummer, darf nur zu bestimmten Zeiten und in bestimmten Mengen gefangen werden. Auch Hobbyangler oder Taucher, die das leckere Fleisch von Conch-Schnecken in der Gefrierbox außer Landes bringen wollen, handeln in jedem Fall gesetzeswidrig.

❶ bei jedem **Tourist Office** oder direkt bei: **Department of Fisheries,** P.O. Box N-3028, East Bay Street, Nassau, ☎ 393-1777, 🖷 393-1014.

Segeln

Segelfans zählen die Bahamas – neben den Virgin Islands und den Grenadines – zu den Traumrevieren der Welt. Die vielen kleinen Inseln und stillen Buchten, die kristallinen Gewässer und die nahezu lückenlose Infrastruktur (Häfen, Ankerplätze, Reparaturwerkstätten, Spezialgeschäfte etc.) sind genau das, was Segler wollen. Die beliebtesten Gebiete sind die Abaco Islands mit den östlich vorgelagerten Cays Green Turtle Cay, Man-O-War Cay und Elbow Cay, die Berry Islands, Eleuthera mit Harbour Island und Spanish Wells und

Tauchen am Andros Barrier Reef

Auf Schatzsuche

Nicht selten hat man die Bahamas ein wundervolles Unterwassermuseum genannt, denn auf unzähligen kleinen und großen Wracks, die relativ leicht zugänglich sind, entstanden geheimnisvolle Riff-Mikrokosmen.

Abaco Islands – **USS Adirondack:** Das 125 Jahre alte US-Kriegsschiff und ein paar gut erhaltene Kanonen liegen vor dem Man-O-War Cay in nur 6 m Tiefe.

Andros – **The Barge:** Vor rund 30 Jahren hat man diesen alten Schleppkahn 20 m tief bei Fresh Creek nördlich von Andros Town versenkt. Heute ist er das korallenüberkrustete Heim einer großen Barschfamilie, die sich gern von den Tauchern in ihren „vier Wänden" ablichten läßt.

Bimini Islands – **Sapona:** Zu seiner aktiven Zeit hatte das Schiff Bausteine transportiert und Alkohol geschmuggelt, bis es im Zweiten Weltkrieg zur Zielscheibe für Bomben wurde. Nun ruht es in 6 m Tiefe vor South Bimini und ist als Nachttauchobjekt beliebt.

Eleuthera – **Train Wreck:** Nur 5 m unter der Wasseroberfläche liegt ein Schiff, das 1865 bei Harbour Island mit einer ungewöhnlichen Ladung sank: einer Lokomotive nämlich, die nach Kuba geliefert werden sollte. Ganz in der Nähe stößt man auf das Wrack eines rund 60 m langen Dampfers.

Grand Bahama – **Theo's Wreck:** 1982 wurde der 70 m lange Stahlfrachter vor Freeport/Lucaya absichtlich versenkt. Besonders reizvoll: Das Heck des Frachters ragt über den Rand einer rund 600 m tiefen Schlucht hinaus.

Long Island – **Cape Santa Maria Ship's Graveyard:** Auf dem „Schiffsfriedhof" vor Cape Santa María wurde in 30 m Tiefe die *MS Comberbach* versenkt. Gleich in der Nähe liegt das Wrack eines Freizeitbootes, das durch einen Unfall sank.

San Salvador – **The Frescate:** Der 80 m lange Frachter lief auf Grund und sank bis auf 6 m Tiefe. Dieses Wrack eignet sich besonders gut für Tauchnovizen.

Petri Heil

Keine Frage, die Bahamas sind ein Paradies für Angler. Lange bevor der Badetourismus in Mode kam, waren die Inseln bereits auf die Bedürfnisse der Hobbyangler aus aller Welt eingerichtet. Vor allem auf den Out Islands haben sich viele familiäre Ferienanlagen auf Angelurlauber spezialisiert.

❶ bei jedem Bahamas Tourist Office oder beim Information Service, ☎ 325-6028 oder 328-1345.

Eines der berühmtesten Turniere ist das *Bahamas Billfish Tournament.* Bei diesem Wettbewerb werden an verschiedenen Stellen des Archipels über einen Zeitraum von 5 Monaten ausschließlich Fische aus der Familie der Schwertfische geangelt.

❶ ☎ USA 305–923–8022.

Noch ein kritisches Wort zu den „Sportanglern". Einer ihrer begehrtesten Fische ist der *Blue Marlin.* Der in herrlichem Blau strahlende große Schwertfisch ist ein prachtvolles Tier. Wegen seiner imposanten Größe und seiner kaum faßbaren Kraft, die sich in seinem erbitterten Todeskampf spiegelt, fasziniert er viele Hochseeangler. So manche suchen ein existentielles Grunderlebnis wie der Protagonist in Hemingways Kurzroman „Der alte Mann und das Meer" (s. S. 89). Nach dem obligatorischen „Sieger"-Foto neben der Trophäe wird kräftig gefeiert, der grätenreiche, zum Verzehr daher kaum geeignete tote Fisch achtlos ins Meer geworfen. Wann werden auch die Marlin-Bestände gefährdet sein?

Fische und ihre *besten Fangzeiten:*
Allison Thunfisch: Juni–August;
Amberjack: November–Mai;
Barrakuda und Barsch: ganzjährig;
Schwarzflossenthunfisch: Mai–Sept.;
Blauflossiger Thun: 7. Mai–15. Juni;
Kingfish: Mai bis Juli;
Fächerfisch: Sommer und Herbst;
Tarpun: das ganze Jahr über;
Wahoo: Januar–Februar.

vor allem auch die Exumas mit den unzähligen Cays.

Auf jeder größeren Insel kann man Boote – entweder mit Crew oder ohne *(bare boat)* – chartern. Auskunft beim zuständigen Bahamas Tourist Office. Eine wichtige Planungshilfe für Segler ist der *Yachts-man's Guide to the Bahamas* (Tropic Isle Publishers, Miami, ca. 30 US $). Was dem Hobbyangler sein *Billfish Tournament,* ist dem Segler die Regatta. Die bekannteste der vielen Segelwettbewerbe auf den Bahamas ist die *Family Island Regatta* vor den Exumas. Sie wird alljährlich im April ausgetragen.

Golf

Freunde der sorgfältig gepflegten grünen Rasenflächen werden auch auf den Bahamas fündig. Zwar sind die meisten Golfplätze topfeben, dennoch verfügen einige auch über PGA-Qualifikationen.

Auf **Grand Bahama,** wo die *Bahamas National Open* ausgetragen werden, gibt es 4 Anlagen: Bahamas Princess Hotel & Golf Club, zwei 18-Loch-Plätze, ☎ 352-6721; Fortune Hills Golf & Country Club, 9-Loch-Platz, ☎ 373-4500; Lucaya Golf & Country Club, 18-Loch-Platz, ☎ 373-1066.

Auf **New Providence** findet man drei Plätze mit je 18 Löchern: The Cable Beach Golf Club, ☎ 327-6000; South Ocean Beach Hotel & Golf Club, ☎ 362-4391; Paradise Island Golf Club, ☎ 363-3925.

Über je einen 18-Loch-Platz verfügen die **Abacos** (Treasure Cay), Treasure Cay Golf Club, ☎ 367-2570, und **Eleuthera,** Cotton Bay Club, ☎ 334-6156.

Unterkunft

Wer auf die Bahamas reist, hat die Wahl: vom Luxus-Resort mit Kasino und Golfplatz über die Ferienvilla bis zum einfachen Guesthouse. Rund 70 Hotels und Guesthouses mit über 7500 Zimmern bietet New Providence (mit Paradise Island und Cable Beach), auf Grand Bahama gibt es rund 3200 Zimmer. Und selbst die touristisch wenig entwickelten Out Islands bringen es zusammen auf 2500 Gästezimmer.

Eine Warnung jedoch vorab: Die Klassifizierung der Unterkünfte entspricht nicht europäischen oder amerikanischen Standards. Hotels, die auf den Bahamas die Attribute „De Luxe" oder „First Class" tragen, erfüllen nicht immer die Erwartungen. Um Enttäuschungen zu vermeiden, sollte man vor der Buchung möglichst viel über Ausstattung und Einrichtungen der Hotels in Erfahrung bringen. Hierbei helfen die Reisebüros, das Bahamas Tourist Office in Frankfurt/M. oder in Nassau und Freeport.

Außerdem muß man wissen, daß bei den Übernachtungspreisen eine Steuer von 8 % aufgeschlagen wird; bei den Unterkünften von Cable Beach und auf Paradise Island wird eine zusätzliche Abgabe von 2 % einbehalten.

Wassersport ultramodern: Parachuting und Jet-skiing

Zum Wohlfühlen: Ramada South Ocean Resort, New Providence

Resorts

Die großen Ferienanlagen liegen meist am Meer und verfügen in der Regel über einen eigenen Strand, Swimmingpool(s), Restaurants, Bars und Sportanlagen. Während der Hochsaison von Mitte Dezember bis Mitte April kostet eine komfortable Master-Suite mit zwei Schlafzimmern und einem Wohnraum auf Paradise Island zwischen 360 und

Manchmal bieten die einfacheren Unterkünfte Familienanschluß

740 $ pro Tag (ca. 630–850 $ in Nassau). Für ein Doppelzimmer muß man zur selben Jahreszeit in Nassau 140 $ und auf Paradise Island 175 $ bezahlen. Auf Grand Bahama ist ein Doppelzimmer ab 150 $ pro Nacht zu haben.

Hotels

Die Grenzen zwischen den Resorts und den großen Hotels sind – bezüglich Ausstattung und Komfort – fließend, bei entsprechendem Standard zahlt man ähnliche Preise wie in den Resorts.

In Mittelklassehotels bekommt man im Sommer das Doppelzimmer aber auch schon für 60 $, im Winter für 80 $. In

AP, BP, CP, EP ...?

Beim Studium der Hotelinformationem sollte man auf die Kürzel achten, die die Preise hinsichtlich Übernachtung und der eingeschlossenen Mahlzeiten spezifizieren:

AP (American Plan) entspricht Vollpension mit Übernachtung und drei Mahlzeiten.

MAP (Modified American Plan) – Halbpension, also Übernachtung mit Frühstück und Abendessen.

BP (Bahamas Plan) – Übernachtung mit amerikanischem Frühstück, d. h. Eier, Speck, Bratkartoffeln, Würstchen, Toast und Pancakes.

CP (Continental Plan) – Übernachtung und kleines Frühstück, bestehend aus Gebäck oder Brötchen, Marmelade und Kaffee.

EP (European Plan) steht für Übernachtung ohne Mahlzeiten. Auch wenn der European Plan am preisgünstigsten scheint, sollte man sich bei begrenztem Urlaubsbudget MAP überlegen: Sonne und Wasser machen hungrig, und die Mahlzeiten in den Restaurants sind nicht billig.

Freeports bescheideneren Hotels kostet die Übernachtung je nach Saison zwischen 50 $ und 55 $. In den kleineren Hotels auf den Out Islands bezahlt man für das Doppelzimmer während der Hauptsaison rund 75 $ pro Tag.

Ferienwohnungen / –häuser

Diese Unterkünfte sind mit eigener Küche ausgestattet, und auf Wunsch kommt auch ein Hausmädchen zum Saubermachen *(maid service)*. Besonders Familien oder Menschen, die den Trubel in den Hotels nicht mögen und das Gefühl haben möchten, richtig auf den Bahamas zu „wohnen", fühlen sich hier wohl. Ferienwohnungen findet der Tourist jedoch selten in den Katalogen der Reisebüros. Darum seien hier Adressen von einigen US-amerikanischen Agenturen genannt, die sich auf die Vermittlung von Ferienwohnungen und Urlaubsvillen spezialisiert haben:

Condo World, 4230 Orchard Lake Rd., Suite 3, Orchard Lake, MI 48323, ☎ 313-683-0202;
Hideaways International, P.O. Box 4433, Portsmith, NH 03802–4433, ☎ 603-430-4433;
Rent a Home International, 7200 34th Ave. NW, Seattle, WA 98117, ☎ 206-789-9377;
VHR Worldwide, 235 Kensington Ave, Norwood, NJ 07648, ☎ 201-767-9393;
Villas International, 605 Market St., Suite 510, San Francisco, CA 94105, ☎ 415-281-0910.

Guesthouses

In den Gästehäusern kann man am günstigsten übernachten. Die zum Teil hübschen alten Häuser bieten meist nur bescheidenen Komfort, dafür aber eine familiäre Atmosphäre. Besonders auf den Out Islands sind die Guesthouses oft recht einfach. Die kleinen Gästehäuser bieten in der Regel keine Mahlzeiten an. Ein Frühstück aber bekommt man in der Regel immer.

Reisewege und Verkehrsmittel

In den Farben der Karibik: Crystal Palace Hotel in Nassau

Anreise

Die meisten **Flugverbindungen** zwischen Europa und den Bahamas, d. h. Nassau, enthalten eine Zwischenlandung in den USA. Linienflüge bieten Lufthansa, ☎ 0180–380 38 03, ab Frankfurt/M. und Düsseldorf über Miami; Austrian Airlines, Wien, ☎ (0222) 71 99 ab Wien über Paris und Miami; Lauda Air, München, ☎ 0130–84 00 66, Wien ☎ (0222) 7770–2058, ab Wien über München und Miami; Swissair, Zürich, ☎ (01) 258 34 34, ab Zürich über Atlanta und Miami.

Delta Air Lines, ☎ 0180–333 78 80, bietet die meisten Anschlüsse einer amerikanischen Fluglinie in Deutschland.

Neben den Linienflügen gibt es die Möglichkeit, per Charterflug auf die Inseln zu gelangen, z. B. mit *Condor,* ☎ (06107) 93 90, *LTU,* ☎ (069) 29 08 85, und *Hapag-Lloyd,* ☎ (0511) 972 70.

Auf den Bahamas ist das Flugzeug fast so wichtig wie das Boot

(Die Telefonnummern, die in Deutschland mit 0130 oder in den USA mit 800 beginnen, sind gebührenfrei.)

Von den 3,5 Millionen Urlaubern, die die Bahamas 1994 besuchten, kamen allein 2,5 Mio. mit **Kreuzfahrtschiffen.** Kein anderer Inselhafen in der Karibik wird so stark frequentiert wie Nassau auf New Providence. Die Kreuzfahrtschiffe, die auch Freeport und Port Lucaya auf Grand Bahama anlaufen, be-

Kreuzfahrtschiffe im Hafen von Nassau

ginnen ihre Reise meist in Florida (USA), vor allem in Miami, aber auch in Port Canaveral und Fort Lauderdale. Neben längeren Karibikkreuzfahrten, die die Bahamas als erstes oder letztes Ziel anlaufen, werden auch Ein- bis Viertagetrips zu den Bahamas angeboten. Die Kosten eines solchen Ausfluges reichen – je nach Reiseklasse – von ca. 100 $ für einen Tag bis zu 350 $ für drei und 450 $ für vier Tage.

Die besten Vergleichs- und Buchungsmöglichkeiten für Kreuzfahrten (meist als Pauschalarrangement inklusive Flug, Transfer und evtl. Hotel für einen anschließenden Landurlaub) bieten die Reisebüros. Kurzentschlossene Florida-Urlauber können jedoch auch vor Ort nach preisgünstigen Last-Minute-Tarifen Ausschau halten (Preise und Angebote der Veranstalter am besten in einem Reisebüro vergleichen, das sich auf Seereisen spezialisiert hat!).

Zu den Schiffsgesellschaften, die die Inseln regelmäßig anlaufen, gehören in den USA: *Chandris und Celebrity Cruise Line,* Miami, ☎ 800-423-2100; *Dolphin Cruise Line,* Miami, ☎ 800-222-1003; *Norwegian Cruise Line,* Coral Cables, ☎ 800-327-7030; *Royal Caribbean Cruises,* Miami, ☎ 800-327-6700. (Diese Telefonnummern sind in den USA gebührenfrei.)

Island hopping

Einmal in Nassau angelangt, kann man per **Flugzeug** (Linie oder Privat-Charter) oder mit dem **Schiff** (Postboot oder Privat-Charter) auf die Out Islands gelangen. Fast alle Inseln, die von Touristen besucht werden, haben einen kleinen Flughafen. Ein Flug dauert im Schnitt zwischen 40 und 90 Min., nach Inagua 2 1/2 Stunden. Wichtigste Linienfluggesellschaft auf den Bahamas ist die staatliche *Bahamasair* mit Verbindungen zu 19 Flughäfen auf 12 Inseln; in Deutschland vertreten durch: *Airways Travel,* ☎ (069) 242 90 40; auf den Bahamas ☎ 322-4727.

Weitere Flugverbindungen zwischen den Inseln bieten
Airways International,
☎ USA 305-887-2794, zw. Abaco, Eleuthera, Exuma und Grand Bahama;
American Eagle,
☎ USA 800-433-7300, zwischen New Providence, Grand Bahama, Abaco, Eleuthera und Exuma;
Chalk's International Airline,
☎ USA 305-359-7980, zwischen Bimini und Paradise Island;
Delta Connection Comair,
☎ USA 800-354-9822, zwischen New Providence und Grand Bahama;
Gulfstream Airlines,
☎ USA 305-871-1200, zw. Eleuthera, Exuma, Abaco, Andros u. Gr. Bahama;
Island Express,
☎ USA 305-359-0380, zwischen Exuma, Eleuthera, Abaco, Long Island, Berry Islands, Andros und Bimini;
Paradise Island Airlines,
☎ 363-2845/6, Paradise Is. – Abaco;
Taino Air Service, ☎ 352-8885, zw. Gr. Bahama, Abaco und Walker's Cay;
USAir Express, ☎ 327-8886, zw. New Providence, Abaco und Eleuthera.

Private **Chartergesellschaften,** die alle Out Islands bedienen, sind
Congo Air (ab Nassau, ☎ 377-5382), *Miami Air Charter* (ab Florida, ☎ USA 305-251-9649), *Pinder's Charter Service* (ab Nassau, ☎ 327-7320).

Wer *island hopping* per **Postboot** plant, hat sich für eine sehr unkonventionelle und abenteuerliche, aber auch preisgünstige Reiseart entschieden. Die rund 20 Postschiffe laufen vom Dock am Potters Cay in Nassau (unter der Paradise-Island-Brücke) zu den ca. 30 bewohnten Inseln aus. ❶ beim Dockmaster, ☎ 393-1064.

Wesentlich bequemer segelt man im gecharterten Boot, das man mit Crew oder auch als *bare boat* mieten kann. ❶ „Yachtsman's Guide to The Bahamas", Tropic Isle Publishers, North Miami, FL 33261-0938, P.O. Box 61 09 38, USA, ☎ USA 305-893-4277.

Landexpeditionen

Nur in Nassau und Freeport/Lucaya stehen staatlich konzessionierte **Busse (jitneys)** zur Verfügung; in Nassau fahren auch **Pferdekutschen (surreys).** Im übrigen ist man bei der Fortbewegung auf Boote, **Taxis** oder **Mietwagen** bzw. **–mopeds** angewiesen. Allerdings gibt es längst nicht auf allen bewohnten Inseln Mietwagenfirmen (vgl. die Praktischen Hinweise bei den Inselbeschreibungen). Wer sich für ein Mietfahrzeug entscheidet, sollte wissen, daß die Straßen z.T. sehr schlecht und unzureichend beschildert sind und daß die Benzinversorgung auf den Out Islands ziemlich mangelhaft ist. Auf Andros empfiehlt es sich, das Auto nicht ohne ortskundigen Chauffeur zu mieten.

Mit der Dolphin-Cruise Line die Karibik entdecken

Die großen internationalen Mietwagenfirmen wie Avis, Budget, Hertz und National sind nicht überall vertreten, und die privaten Out-Island-Unternehmen haben nicht immer die gleichen Vertragsbedingungen. Wer sich trotzdem auf den Out Islands selbst ans Steuer setzen möchte, sollte sich zuvor in Nassau oder Freeport die Landkarte *Atlas of The Bahamas* besorgen. Auf den anderen Inseln wird man diese Karte – mangels Buchladen – kaum bekommen. Eine weitere Warnung: Wer auf den Bahamas eine Autopanne oder einen Unfall hat, ist zunächst einmal auf sich selbst gestellt, da es keinen Pannendienst im europäischen Sinn gibt. Es ist daher sinnvoll, jemandem vor der Fahrt das Ziel des Ausflugs und die ungefähre Ankunfts- bzw. Rückkehrzeit zu hinterlassen.

Limousines nennt man die Taxis der Luxusklasse

Auf den Bahamas herrscht **Linksverkehr.** Die Höchstgeschwindigkeit in Ortschaften beträgt 25 mph, außerhalb 40 mph (Meilen pro Stunde).

Langsam und luftig: Surrey am Rawson Square, Nassau

New Providence

Seite 45

Insel der zwei Gesichter

Die Heimat von zwei Dritteln aller Bahamaner, das etwa 34 km lange und 11 km breite New Providence, wird oft mit der Hauptstadt Nassau gleichgesetzt. Dabei hat die Insel in Wirklichkeit zwei Gesichter. Über dem pulsierenden Leben in der Kreuzfahrt-, Touristen-, Banken- und Staatsmetropole Nassau vergißt man allzu leicht die erholsame gemächliche Gangart im Hinterland, abseits der belebten Urlaubszentren Cable Beach und Paradise Island.

Die meisten Ansiedlungen reihen sich entlang der Küste, denn die Natur kommt den Menschen im Landesinneren kaum entgegen. Öde Flächen mückenumschwärmten Sumpflandes dehnen sich um den Lake Killarney aus, andernorts dichte Zwergpalmenhaine und niedrige Pinienwälder. Lediglich der Nordosten der Insel ist durch das schier unbändige Wachstum der bahamanischen Hauptstadt relativ dicht besiedelt.

Lange Zeit bestimmten Piraten und Freibeuter nicht nur die Geschicke Nassaus, sondern auch die der übrigen Insel. Ab Mitte des 18. Jhs. nahmen die puritanischen Siedler aus Neuengland und die Abgesandten der britischen Krone das Zepter in die Hand. Das Freibeuterblut brachten aber auch sie nicht ganz unter Kontrolle. Während des Amerikanischen Bürgerkrieges Mitte des 19. Jhs. und zur Zeit der Prohibition Anfang des 20. Jhs. erblühte die Insel zum Schmugglerparadies. Erst als diese Einnahmequellen endgültig versiegten, besann man sich auf eine neue, nicht minder lukrative Rolle im internationalen Finanz- und Touristikgeschäft.

Inselrundfahrt (ca. 80 km)

Die Insel, die – im Gegensatz zu den anderen Eilanden – gut mit dem Auto zu befahren ist, entdeckt man am besten entgegen dem Uhrzeigersinn. Los geht die gemütliche Tagestour im Herzen von New Providence, in Nassau (Stadtbeschreibung s. S. 48ff.). Die Touristenzentren Paradise Island und Cable Beach (s. S. 46) haben ihre volle Aufmerksamkeit dem internationalen Gesicht der Insel gewidmet. So kann man sie nun einmal links (genauer gesagt rechts) liegen lassen.

Noch innerhalb des westlichen Stadtgebietes (s. Karte S. 54/55) schiebt sich das eindrucksvolle * **Fort Charlotte** ins Bild. Der ehemals größte militärische Stützpunkt der Insel war ein Lieblingsprojekt des Earl of Dunmore, Gouverneur der Bahamas. 1789, im Jahr der Französischen Revolution, fertiggestellt, kostete es ein Vielfaches mehr als geplant und sah wie seine Schwesterfestung Fort Fincastle dennoch nie eine Schlacht. Selbst heute verfehlt das für 1 Mio. Dollar renovierte Bollwerk seine Wirkung nicht.

Wer statt der Historie lieber Fauna und Flora den Vorzug gibt, kann unterdessen einen Ausflug in die nahen * **Ardastra Gardens & Zoo** unternehmen. Sie sind nur fünf Minuten mit dem Auto vom Fort entfernt. Hauptattraktion ist eine kleine Kolonie von Flamingos. Vorführungen Mo–Sa um 11, 14 und 16 Uhr, ○ tgl. 9–17 Uhr.

Ungefähr dreimal so groß ist das Gelände der benachbarten * **Botanic Gardens,** die die grandiose Fülle der tropischen Vegetation vor Augen führen. ○ Mo–Sa 9–16 Uhr.

Eine weitere Alternative, vor allem für Familien mit Kindern, bietet sich auf der anderen Seite der West Bay Street: ** **Coral Island** (früher Coral World) auf **Silver Cay.** Der kleine Themenpark, in dem sich alles um die Unterwasserwelt dreht, ist über eine schmale, recht steile Brücke mit New Providence verbunden. Wie ein Magnet zieht das Unterwasserobservatorium tagtäglich die Besucher an. Trockenen Fußes steigt man hinunter in die blaue Tiefe des Meeres und sieht sich umgeben von tropischen Fischen und der farbenprächtigen Flora in den Gewässern vor der Insel New Providence. Hinter Panzerglasscheiben lassen sich Haie, Meeresschildkröten und Rochen in die gute Stube schauen. Wer Lust auf direkten Kontakt mit dem Wasser hat, findet im Schnorcheltrail aufregendes Terrain. ◐ tgl. 9 bis 18 Uhr; Tageskarten für Erwachsene 14 $, für Kinder unter 12 Jahren 10 $.

Seite 45

Seit über 200 Jahren wacht Fort Charlotte über Nassau

Auf dem Rückweg zur West Bay Street sollte Zeit sein für eine kleine Stärkung und ein kurzes Gespräch mit den einheimischen Händlern am **Arawak Cay,** einer vor rund 25 Jahren von der Regierung geschaffenen künstlichen Insel. Insider schwören darauf, daß es an den Holzständen der Fischer den besten Conch-Salat gibt – der frischeste ist es allemal. Besonders stimmungsvoll geht es am Arawak Cay übrigens immer am Mittwoch und Samstag abend zu, wenn Diskjockeys mit feurigen, karibischen Klängen die Atmosphäre musikalisch knistern lassen.

Sicher in den Ardastra Gardens: Bahamanischer Papagei

Fährt man die West Bay Street nach Westen weiter, vorbei an den Hotelanlagen von **Cable Beach,** wird Kinofans etwa 10 km hinter Arawak Cay ein Haus auf der rechten Seite bekannt vorkommen: Das große Herrenhaus **Rock Point** war einer der karibischen Drehorte von „James Bond 007 – Feuerball" (1965; nach einer Romanvorlage von Ian Fleming, 1908–1964). In klassischer Bond-Manier jagte dabei Sean Connery einer Verbrecherbande zwei gestohlene Atombomben auf den Bahamas ab.

Im Rausch der Geschwindigkeit: Jet-ski an der Cable Beach

Einige Minuten später tauchen links der Straße die zerklüfteten Höhlenöffnungen von **The Caves** auf. Da die Gänge dunkel, niedrig und sehr verwinkelt sind, sollte man die unbeaufsichtigte Kalksteinhöhle besser nur von außen betrachten.

Seite 45

Im Kontrast zur Inselmetropole Nassau verkörpert **Gambier Village,** 16 km, ein einfaches, typisch bahamanisches Dorf. Überall sausen Kinder, Hühner und Hunde auf der Straße herum, viele Bewohner leben noch immer in klapprigen Holzhütten, einige davon farbenfroh bepinselt, andere vernachlässigt und halb verfallen. Minuten später wechselt die Kulisse: Die Ortschaft **Love** entpuppt sich als bessere Wohngegend der gehobenen Mittelschicht.

Die Küstenstraße schwingt sich nun in einem Bogen um die *Old Fort Bay* herum und geradewegs auf **Lyford Cay,** 26 km, zu, ein Mekka für die Reichsten der Insel. Natürlich fehlt hier weder das edle Golfgrün noch der Jachthafen. Der Blick auf die Multimillionen-Dollar-Anwesen ist Normalsterblichen höchstens per Flugzeug oder vom Wasser aus möglich. Eine mit Wachen besetzte Kontrollstation und ein Schlagbaum sorgen dafür, daß unerwünschte Besucher fernbleiben.

Dafür läßt sich die geheimnisvolle Natur ganz in der Nähe tief in die Karten schauen: Das **U-Boot „Atlantis 1"** geht mehrmals täglich – je nach Nachfrage – mit bis zu 28 Passagieren für eine knappe Stunde auf Tauchstation. Startpunkt des interessanten Ausflugs ist entweder eines der Hotels in den Touristenzentren oder aber *Jaws Dock* am Südrand von Lyford Cay; von dort aus fährt ein Boot in 10 Min. zum Ankerplatz des U-Bootes.

In **Clifton Pier** (28 km), der nächsten Station der Reise, gibt es noch mehr Flüssiges: Trotz Rum und Kokosmilch kommen auch die Bahamas nicht ohne Bier aus. Die lokale Spezialität heißt „Kalik" und wird hier in der Commonwealth Brewery gebraut.

Bald taucht zur rechten Seite der South West Road **Adelaide Village,** 33 km, auf. Die winzige, ärmliche Siedlung wurde 1831 von dem damaligen Gouverneur der Bahamas, James Carmichael Smith, als neue Heimat für die freigelassenen Afrikaner des portugiesischen Sklavenschiffs *Rosa* gegründet. Zu seiner besten Zeit besaß Adelaide Village immerhin sein eigenes Gericht, sogar ein kleines Gefängnis und auch eine Grundschule, doch seit die jungen Leute zunehmend in die Hauptstadt Nassau abwandern, verliert das Dörfchen sein Leben.

Die Adelaide Road Richtung Osten mündet nach einiger Zeit in die Carmichael Road, die durch das Städtchen **Carmichael Village,** 42 km, führt. Von nun ab sollte man als Fremder lieber auf den Hauptstraßen bleiben, um nicht – vor allem bei Dunkelheit – unfreiwillig in eines der weniger sicheren Gebiete am südlichen Stadtrand von Nassau zu geraten.

Um zum **St. Augustine's Monastery,** 52 km, zu gelangen, muß man sich ein wenig konzentrieren: Man fährt die Carmichael Road weiter, dann die Blue Hill Road in Richtung Norden, am Kreisel rechts in den Independance Drive, nach rund 1,5 km rechts in die Prince Charles Avenue und biegt 800 m weiter links ab in die Soldier Road. Letztere mündet nach einigen Windungen wiederum rechts in eine kleine Nebenstraße, die Bernard Road, die zum Kloster führt. Der festungsartige Bau krönt einen Hügel in der Nähe des bekannten Fox Hill, der nach dem ehemaligen Sklaven und später reichen Landbesitzer Samuel Fox benannt wurde. Das St. Augustine Roman Catholic Monastery and College wurde 1946 als Benediktinerkloster von John Hawes, einem Architekten und anglikanischen Missionar, entworfen. Der später zum katholischen Glauben konvertierte Hawes erlangte auf den Bahamas Achtung und Berühmtheit als Father Jerome und lebte als Eremit auf Cat Island (s. S. 82).

Nicht allzu weit vom Kloster entfernt, den Fox Hill hinunter und kurz nach Osten auf der Yamacraw Hill Road die Küste entlang, ist rechts am Hang der sagenumwobene **Blackbeard's Tower** zu sehen. Glaubt man den aufregenden Abenteuergeschichten der Bahamaner, dann hat hier einst ein beutegieriger englischer Pirat namens Edward Teach alias Blackbeard nach einlaufenden Schiffen Ausschau gehalten.

Ein Stück stadteinwärts an der Village Road, im *Retreat, geht es dagegen friedvoll zu. Auf 4,5 ha kann man sich unter mehr als 200 verschiedenen Palmenarten gegen Ende der Autotour noch einmal die Beine vertreten (Führungen Di, Do 9–17 Uhr).

Die vorletzte Etappe führt auf der East Bay Street Richtung Innenstadt, vorbei an dem 1744 erbauten **Fort Montagu.** Anders als seine Verwandten, Fort Fincastle und Fort Charlotte, hat diese Festung mehrere Schlachten – und Niederlagen – gesehen.

Wer nach der langen Fahrt nun wieder Lust auf Trubel und Marktgeschrei hat, darf *Potters Cay nicht versäumen. Auf dem Markt unter der Paradise Bridge, die hinüber nach Paradise Island führt, werden frische Meeresfrüchte, Obst und Gemüse verkauft. Die am Dock ankommenden und auslaufenden Postboote tragen ihren Teil zur quirligen Atmosphäre bei.

Hai in Coral Island

Seite 45

Auf Tauchstation mit dem U-Boot „Atlantis"

Vorsicht: Echsen kreuzen

Praktische Hinweise

❶ Informations-Büros des Ministry of Tourism am Flughafen von Nassau (☎ 327-6806), an der Prince George Wharf und am Straw Market.

 Nassau International Airport ist Hauptdrehkreuz der nationalen Flüge von Bahamasair und wichtigste Anflugstation im internationalen Flugverkehr. Kein Shuttlebus vom Flughafen zu den Hotels.

Paradise Island hat seinen eigenen kleinen Flughafen; Paradise Island Airlines nach Miami, Fort Lauderdale, West Palm Beach, Florida.

Seite 45

Tourismus in Reinkultur

Urlauber, die ihre Ferien auf New Providence oder – wie der Volksmund sagt – in „Nassau" verbringen, wohnen in der Regel in einem der beiden Touristenzentren **Cable Beach** oder **Paradise Island.** Beide Ferienanlagen bieten alles, was dem internationalen Reisenden auf der Suche nach Zeitvertreib und Vergnügen gefallen könnte: Glasklares Wasser, feine Sandstrände, ein komplettes Sportangebot zu Wasser und zu Lande, eine riesige Palette an Einkaufsmöglichkeiten, Hotels und Restaurants aller Preis- und Qualitätsklassen, Spielkasinos, Unterhaltungsshows vom Feinsten und unzählige Bars und Nachtklubs. Würden auf den Speisekarten nicht auch bahamanische Spezialitäten verzeichnet sein und die Hotels nicht regelmäßig am Abend Junkanoo-Shows (s. S. 24) veranstalten, dann könnte man sich ebenso in jedem anderen großen Touristenzentrum der Welt wähnen. Kein Wunder also, daß man Cable Beach auch die „Riviera der Bahamas" nennt.

Der Küstenstreifen westlich von Nassau wurde in den 50er Jahren für den Tourismus erschlossen. Der Name geht auf die erste Kabelverbindung zurück, die 1892 von Florida nach Nassau verlegt wurde. Heute reiht sich am makellosen Strand ein Hotel an das andere. Eines der bekanntesten ist das riesige *Nassau Marriott and Crystal Palace Casino;* jeden Abend strömen ganze Scharen von Touristen hierher, um sich am Roulettetisch oder in den Unterhaltungsshows zu vergnügen.

Paradise Island, durch eine gebührenpflichtige Brücke mit Nassau verbunden, ist nur etwa 6 km lang. Bis 1959 war die Insel noch unter dem weniger romantischen Namen *Hog Island,* zu deutsch: Schweineinsel, bekannt. Doch die exponierte Lage vor Nassaus Hafen und die malerischen Strände machten das Eiland bald begehrens- und besitzenswert – zunächst für einige nach Ruhe und Exklusivität suchende Millionäre, später dann für ein paar Geschäftsleute. Letztere verwandelten die Insel in eine turbulente, internationale Touristenanlage für jedermann. Paradise Island ist heute wohl unbestritten eines der bekanntesten Urlaubszentren der Karibik und zählt sogar eine Klosterruine, *French Cloister* (14. Jh.), die man in Stücken hierher brachte, zu seinen Attraktionen. Die schönsten Strände liegen alle an der Nordseite der Insel am Atlantischen Ozean. In Sachen Urlaub – in diesem Punkt herrscht Einigkeit – ist die kleine Insel völlig autark; Touristen, die sich weder für die Geschichte noch für den Alltag der Bahamaner interessieren, brauchen die Insel nie zu verlassen. Hotels, Restaurants, Bars, Spielkasinos, Sportanlagen, botanische Gärten, Schiffsausflüge, ja sogar ein eigener kleiner Flughafen stehen zur Verfügung. Tourismus in Reinkultur also, der sich vor allem an Pauschalurlauber und Sonnenanbeter richtet. Von dem ursprünglichen Charme der Bahamas ist auf Paradise Island freilich nichts mehr zu spüren.

(Praktische Hinweise s. auch S. 54ff.)

🛳 Eine Vielzahl von **Kreuzfahrtschiffen** aus Florida (s. S. 40) gehen regelmäßig in der Prince George Wharf vor Anker. Verbindungen zu den Out Islands per **Postboot** vom Dock am Potters Cay (unter der Paradise Island Bridge), Auskünfte beim Dockmaster, ☎ 393-1064 (s. S. 41).

🚐 Die *Jitney-Busse* (6.30–19.30 Uhr) bedienen Nassau, Cable Beach und die nahen Siedlungsgebiete. Fahrpreis ca. 0,75 $; i. allg. haben die Busfahrer kein Wechselgeld. Haupthaltestelle in Nassau Ecke Frederick und Bay Street gegenüber dem British Colonial Beach Resort.

Noble Kähne dümpeln im Jachthafen von Paradise Island

Die Fahrpreise der **Taxis** sind staatlich festgelegt, 2 $ kostet die erste 1/4 Meile, jede weitere 1/4 Meile 30 Cents; 15 % Trinkgeld wird erwartet. Vom Flughafen bis Cable Beach bezahlt man rund 14 $, bis Nassau Stadtmitte etwa 20 $, bis Paradise Island 22 $ plus 2 $ Brückengebühr.

Wassertaxis (9–17.30 Uhr) verbinden die Prince George Wharf mit Paradise Island (2 $).

Mietwagen gibt es ab 70 $ pro Tag bzw. 300 $ die Woche bei Avis (☎ 377-7121), Budget (☎ 377-7405), Dollar (☎ 377-7301), Hertz (☎ 327-6866), National (☎ 377-7301).

Motorroller vermietet Bowe's Scooter Rentals (Prince George Wharf) ab 25 $ für den halben Tag.

Pferdekutschen (surreys) machen 30minütige Stadtrundfahrten für rund 10 $. Standort: Rawson Square.

French Cloister, Paradise Island – alte Kunst in der Neuen Welt

🏨 **South Ocean Beach Hotel & Golf Club,** SW Bay Road, P.O. Box N 8191, ☎ 362-4391, 🖷 362-4728. 280-Zimmer-Hotel am Strand, mit Golfplatz im Südwesten der Insel. Bus (5 $) nach Nassau, Cable Beach und Paradise Island. ⑤⑅

Weitere Hotels siehe Nassau Seite 54.

Wo die Kugel und die Dollars rollen: Kasino auf Paradise Island

Seite 45

** Nassau

Vom Piratenschlupfwinkel zum Banken- und Touristenzentrum

Wer Bahamas hört, denkt zunächst sofort an Nassau. Selbst die Bahamaner sprechen von Nassau und meinen damit eigentlich New Providence. Auch wenn die Hauptstadt des Archipels nicht unbedingt die wirkliche Seele der Bahamas widerspiegelt, so sind sich dennoch alle einig: Das Herz des Inselstaates schlägt in Nassau (170 000 Einw.). Alle Fäden laufen hier zusammen, egal, ob es dabei um politische, kulturelle, touristische oder wirtschaftliche Belange geht. Beweis dafür ist das bunte Treiben auf den Straßen, den Märkten und in den Geschäften, am Hafen und in den Ferienanlagen. Dennoch hat sich Nassau seinen eigenen Charme bewahrt, der bereits zu Zeiten, als es noch Freibeutern und Piraten als Schlupfwinkel diente, beschrieben wurde.

Geschichte

Im Jahr 1666 wird New Providence, das damals noch Sayle's Island hieß, zum ersten Mal von Puritanern besiedelt. Der Naturhafen vor der heutigen Hauptstadt Nassau war der ideale Ort für eine Siedlung, die bis 1695 den Namen Charles Town trug. Zu Ehren des Prinzen von Nassau-Oranien und späteren Königs William III. von England verlieh man ihr jedoch den Namen Nassau. Vom 17. bis 19. Jh. bestimmte die anglikanische Kirche das Leben – im Familienalltag und sogar in Politik und Wirtschaft. Dennoch tummelten sich über viele Jahrzehnte ungehobelte Freibeuter auf den Straßen der Stadt, um sich nach ihren Abenteuern auf See an Land zu vergnügen und ihre gestohlenen Waren zu verhökern. Die Bay Street, unweit des Hafens, wurde zu ihrem Hauptquartier.

Immer wieder hatte das Piratennest, das im späten 17. Jh. schon mehr als 300 Einwohner zählte, Vergeltungsangriffe und Eroberungsversuche seitens spanischer, französischer und amerikanischer Kriegsschiffe zu überstehen – Grund genug für die Bewohner, sich durch den Bau verschiedener Forts zu schützen. Im 18. Jh. nahmen dann die Engländer verstärkt von Nassau und ihrer bahamanischen Kolonie Notiz und schickten ihre Gesandten zum „Großreinemachen" auf die Insel. 1718 wurde der Freibeuter Woodes Rogers zum ersten königlichen Gouverneur in Nassau ernannt. Seine erste Amtshandlung: Jeder Mann, der kräftig genug war mitanzupacken, wurde zum Aufräumen in der Stadt verpflichtet. Selbst die rauhbauzigen Piraten mußten mitanfassen. Gouverneur William Shirley sorgte viele Jahre später für das Vermessen der Stadt und das Trockenlegen der Sümpfe, idealen Brutstätten der gefährlichen Mückenkolonien. Nach Shirley sollten sich noch einige Gesandte der englischen Krone mehr oder minder erfolgreich mit der Regierung Nassaus versuchen, das in der zweiten Hälfte des 18. Jhs. vor allem durch die vom amerikanischen Festland geflohenen Loyalisten geprägt wurde.

Mitte des 19. Jhs. gewann der anarchische Charakter der Inselmetropole wieder Oberhand: In den Wirren des Amerikanischen Bürgerkriegs avancierte Nassau zum Hauptquartier der Blockadebrecher. Die Stadt erblühte im Reichtum und wurde zum Tummelplatz der Schönen und Begüterten, die sich mit rauschenden Festen bei Laune hielten. Nach Ende des Krieges in den USA versiegte der Geldstrom in Nassau, und mit dem süßen Leben war es vorläufig vorbei. Erst die amerikanische Prohibi-

Oberster Gerichtshof in Nassau

tion ließ im 20. Jh. die Kassen wieder klingeln: Der Umschlag von Alkohol brachte das alte Schmugglerblut erneut in Wallung – die auf dem Trockenen sitzenden Nachbarn im Westen bekamen die ersehnten Spirituosen, und die Einwohner von Nassau freuten sich über die neue Wohlstandswelle.

Die wilden Zeiten der Piraten und der Eroberungsversuche hungriger Kolonialmächte sind inzwischen ebenso vorbei wie die Blüte der Schmuggelei; in den Gemäuern des alten Stadtkerns aber scheinen die Geschichten ständig gegenwärtig zu sein. Im übrigen hat man sich heute in Nassau auf weniger gefährliche und gesellschaftsfähigere Einkommensquellen spezialisiert. Die Stadt gilt als angesehenes internationales Banken- und Finanzzentrum und ist außerdem Nabel und Drehscheibe der bahamanischen Tourismusindustrie. Freilich kann die Katze das Mausen nicht lassen. Heute sind es die Drogenschmuggler, die mit ihren pfeilschnellen Rennbooten die amerikanische Küstenwache auszutricksen versuchen.

Stadtbesichtigung

Wer auf den Spuren der einstigen Bewohner Nassaus wandeln möchte, braucht dazu weder ein Fahrzeug noch eine überragende Laufkondition. Die wichtigsten Sehenswürdigkeiten der Altstadt liegen auf relativ engem Raum beisammen und können gemütlich zu Fuß entdeckt werden. Natürlich sollten die Füße in bequemen und festen Schuhen stecken. Beginnt man den Spaziergang am frühen Morgen, so erreicht man den einzigen nennenswerten Hügel der Strecke, den man hinaufsteigen muß, um Fort Fincastle aus der Nähe zu betrachten, noch vor der heißen Mittagszeit. Diese sollte man am besten in einem der guten Restaurants unterwegs verbringen.

Der ideale Ausgangspunkt für einen Ausflug in die Altstadt ist der **Rawson Square ❶**, das Zentrum Nassaus. Der lebhafte Platz dient als Drehscheibe

zwischen der **Prince George Wharf ❷**, dem Ankerplatz der imposanten Kreuzfahrtschiffe, und den Geschäften entlang der Bay Street. Wer zum Laufen keine Lust hat, kann hier eine der buntgeschmückten Pferdekutschen, *surrey* genannt, mieten und sich auf bequeme Weise einen Überblick über den historischen Stadtkern verschaffen.

Gleich gegenüber dem Rawson Square befindet sich ein weiterer Platz, der wohl zu den meistfotografierten Objekten der Bahamas gehört: Der schmucke **Parliament Square ❸**, den eine Statue der jungen Königin Victoria ziert. Flankiert wird er an drei Seiten von Regierungsgebäuden aus der Zeit um 1800. Das erste Haus auf der linken Seite, das rosa gestrichene **House of Assembly,** beheimatet das älteste ununterbrochen bestehende Regierungsorgan der Neuen Welt. Die Parliament Street wirkt mit ihren pastellfarbenen Häusern im georgianischen Stil eher wie eine Reihe zu groß geratener, niedlicher Puppenstuben und nicht wie das Regierungsviertel einer wichtigen Finanzmetropole. Fast ist man versucht, ein bißchen am Zuckerguß zu kratzen.

In südlicher Richtung gehend erkennt man nun zur Linken den **Supreme Court,** das Haus des obersten bahamanischen Gerichts. Gleich nebenan ist in einem achteckigen Häuschen die **Nassau Public Library & Museum** untergebracht. Der Bau stammt aus dem Jahr 1797 und diente ursprünglich als Gefängnis. Auch wenn das Innere seit rund 120 Jahren einzig und allein Bücher, alte Drucke, Karten, Fotos und eine Ausstellung zum Thema der Lucayaner beherbergt – die Gefängniszellen haben kaum etwas von ihrer beklemmenden Atmosphäre verloren.

Gegenüber der Bücherei, auf der anderen Seite der Shirley Street, befand sich das legendäre **Royal Victoria Hotel ❹**, das mittlerweile abgerissen wurde. Das um 1860 erbaute Hotel galt seinerzeit als berühmteste Nobelunterkunft in den Tropen und war Tummelplatz für reiche Spione, Schmuggler, gekrönte Häupter, Playboys, exzentrische Weltenbummler aus Europa und den USA und die feinen Damen und Herren der bahamanischen Gesellschaft. Hier wurden über ein Jahrhundert lang rauschende Bälle gefeiert, lukrative Geschäftsverbindungen geknüpft und das gesellschaftliche Leben gepflegt, bevor das Hotel 1971, vom Wandel der Zeit überholt, nicht mehr rentabel war und geschlossen wurde.

Am Parliament Square thront Königin Victoria

Nun geht es die Shirley Street in Fahrtrichtung weiter bis zur Elizabeth Avenue, die, rechts den Hügel hinauf, in die **Queen's Staircase ❺** mündet, eine von Sklaven zu Ehren der englischen Königin Victoria in den Fels gehauene Treppe. Spätestens wenn man die 65 königlichen Stufen bewältigt hat und sich entschließt, gleich noch den 38 m hohen **Water Tower ❻** zu besteigen, macht sich bequemes Schuhwerk bezahlt. Von der Spitze des 1928 errichteten Wasserturms bietet sich ein herrlicher Rundblick über Nassau, den imposanten Kreuzfahrthafen und die vor-

❶ Rawson Square
❷ Prince George Wharf
❸ Parliament Square
❹ Royal Victoria Hotel
❺ Queen's Staircase
❻ Water Tower
❼ Fort Fincastle
❽ Gregory's Arch
❾ Government House
❿ St. Andrew's Presbyterian Church
⓫ Graycliff Hotel
⓬ British Colonial Hotel
⓭ Vendue House
⓮ Straw Market

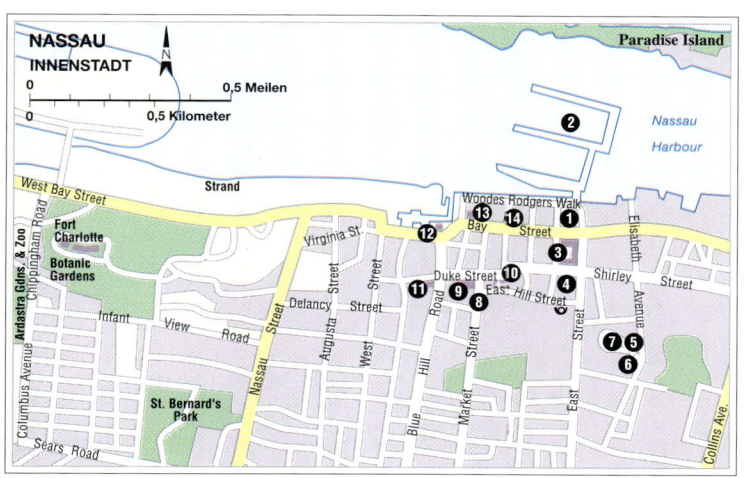

gelagerte Ferieninsel Paradise Island. Direkt am Fuße des Water Towers liegt das von Lord Dunmore 1793 erbaute **Fort Fincastle ❼**, dessen Form an einen abgetrennten Schiffsbug erinnert. Eine Schlacht freilich hat das hellgraue Fort nie gesehen (🕐 Mo–Sa 9–16 Uhr).

Ein Fußweg führt hinunter zur Sands Avenue, die auf die East Street trifft. Am Ende der East Hill Street (mit dem neuen *General Post Office*) blickt man in **Gregory's Arch ❽**, einem nach James Gregory, Gouverneur von 1849–1854, benannten Tunnel. **Prospect Ridge** nennt man den Hügelkamm, der früher die Trennlinie zwischen Arm und Reich markierte. Während die weiße Bevölkerung auf der dem Meeresufer zugewandten Seite der Stadt lebte, hausten ihre farbigen Bediensteten und Arbeiter *„over the hill"* in der anderen Hälfte Nassaus. Jede Nacht mußten die Schwarzen den Stadtteil der Weißen verlassen und über den Hügel, ab 1850 durch den kleinen Tunnel Gregory's Arch, hinunter in ihre Hüttendörfer ziehen. Ein Blick auf die Gebäude zu beiden Seiten von Prospect Ridge macht bis heute die Zweiklassengesellschaft von damals deutlich.

Folgt man der Market Street den Hügel hinab in Richtung Meer, liegt zur Linken das noble **Government House ❾**, Sitz des Vertreters der britischen Königin, dessen hochdotierter Posten sich heute auf rein repräsentative Aufgaben beschränkt. Vor der 1801 im klassizistischen Stil erbauten rosafarbenen Villa steht eine in London hergestellte Statue des Christoph Kolumbus.

Etwa drei Gehminuten weiter ragt auf der rechten Straßenseite die **St. Andrew's Presbyterian Church ❿** auf.

„Shop 'til You Drop"

„Einkaufen bis zum Umfallen". Dies kann einem in Nassau ganz leicht passieren. Allein schon die Hitze macht es fast unmöglich, einen kühlen Kopf zu bewahren, und die dank fehlender Zollgebühren sensationell günstigen Preise besorgen den Rest. Ganz oben auf der Liste der Touristen steht in der Regel der berühmte **Straw Market** mit seinen Warenbergen zwischen den engen Gängen. Die Bahama-Mamas sind gleichermaßen fleißig mit dem Anfertigen und Anpreisen ihrer Waren beschäftigt: „Hallo, Sweetheart, ich habe einen schönen Strohhut für Dich!" Das gigantische Angebot an Strohprodukten aller Art wird nur noch von der Zahl der zum Verkauf stehenden T-Shirts übertroffen. Nassau ohne Straw Market – das wäre wie München ohne Viktualienmarkt. Der gewiefte Käufer freilich macht sich sofort nach der Ankunft auf die Jagd nach zollfreien Schnäppchen in der **Bay Street.** Im Allgemeinfall hat er sich bereits im Heimatland einen Überblick über die Preise der begehrten Gegenstände verschafft. Ausgerüstet mit einer Liste – oder aber einem guten Gedächtnis – und bequemen Schuhen geht es nun ans Werk: Hinter den Schaufenstern der Bay Street locken Uhren aus der Schweiz, japanische Kameras, Parfüms made in France sowie englisches und deutsches Porzellan. Was die Preise angeht, unterscheiden sich die Geschäfte wenig voneinander. Trotzdem sollte man auch mal einen Blick in die Seitenstraßen der Bay Street werfen; die Läden dort locken oft mit Sonderangeboten oder bieten besonders ausgefallene Stücke an. Vorsicht ist lediglich bei Schmuckwaren und Uhren angesagt, hier sollte man sich auf die großen Geschäfte beschränken. Auch ein Stempel oder ein bedeutsam aussehendes Zertifikat sind im karibischen Raum nicht immer eine Garantie für Echtheit. Bekannte Schmuck- und Uhrenhändler bürgen dagegen mit ihrem Namen.

„The Kirk", wie die Einheimischen die Kirche nennen, wurde 1810 erbaut und noch mehrere Male verändert. Außerdem war sie das erste nichtanglikanische Gotteshaus auf den Bahamas.

Spätestens jetzt dürften die ersten Ermüdungserscheinungen auftreten. Grund genug für eine Ruhepause im passenden historischen Rahmen, so zum Beispiel im **Graycliff ⓫**, einem kleinen, aber feinen Hotel und Restaurant, Ecke West Hill Street und Blue Hill Road. Untergebracht in einem georgianischen Gebäude aus dem Jahr 1720, gelangte es in den 20er Jahren zu zweifelhaftem Ruhm, als es von einer Freundin des Gangsters Al Capone geführt wurde. Die späteren Besitzer, Lord und Lady Dudley, zogen dann vornehmere Gäste an, zum Beispiel den Herzog von Windsor und seine Gemahlin.

Eleganz der 20er Jahre: das Britsh Colonial Hotel

Frisch gestärkt geht es jetzt die Verlängerung der Blue Hill Road, die Cumberland Street, hinunter, vorbei an dem einst sehr eleganten **British Colonial Hotel ⓬**, das 1923 von Sir Harry Oaks, dem damals mächtigsten Mann der Bahamas, an der Stelle von Fort Nassau erbaut wurde. Gleich gegenüber dem Hotel am Anfang der Bay Street steht das **Vendue House ⓭**, eines der ältesten Gebäude der Stadt. Ehemals Umschlagplatz für Sklaven, dokumentiert das Haus heute als *Pompey Museum* sehr eindrucksvoll die Zeit der Sklaverei auf den Bahamas.

Leichte Taschen auch für schwere Sachen auf dem Straw Market

Doch damit genug der Vergangenheit: Es lebe das neue Nassau, ein zollfreies Einkaufsparadies mit karibischen Akzenten. Entlang der **Bay Street** reiht sich ein Geschäft an das andere; die zwei Kilometer lange Straße ist mit ihren Juwelierläden, Parfümerien, Porzellangeschäften und Warenhäusern eine Attraktion für konsumfreudige Kreuzfahrtpassagiere, die an manchen Tagen die Stadt regelrecht über-

Business ist auch Frauensache

schwemmen. Am lebhaftesten geht es am **Straw Market** ⓮ zu, wo Händlerinnen handgearbeitete Strohprodukte – Hüte, Matten, Körbe, Taschen – anbieten. (So manche Artikel kommen bereits aus Asien.)

Zurück am Rawson Square, sollte man die paar Schritte zum **Woodes Rogers Walk** gehen, der zur **Prince George Wharf** ❷ führt. Nicht selten ankern dort gleich mehrere große Kreuzfahrtschiffe, die bei Dunkelheit, wenn die Decks illuminiert sind, ein geradezu romantisches Lichterspiel inszenieren.

Seit neuestem beherbergt eine Lagerhalle am Eingang zum Hafen die **Junkanoo Expo.** Die einfache, aber glitzernde Ausstellung bietet einen Vorgeschmack auf Junkanoo, die traditionsreichen karnevalsähnlichen Feiern, die man am 26. Dezember und am 1. Januar überall auf den Straßen der Bahamas miterleben kann.

Sehenswürdigkeiten in den Randbezirken s. S. 42 ff.

Praktische Hinweise

❶ und Verkehrsmittel siehe s. S. 46 f.

Nassau

⌂ **Villas on Silver Cay,** Silver Cay, P.O. Box N 7797, ☏ 328-1036, ⊠ 323-3202. Luxuriöses kleines Hotel mit 22 Bungalows. Ⓢ⟩⟩
Graycliff, West Hill Street, P.O. Box N 10246, ☏ 322-2796, ⊠ 326-6110. Das alte Haus (14 Zi.) im georgianischen Kolonialstil diente in der Vergangenheit häufig als Treffpunkt der Reichen und Mächtigen. Ⓢ⟩⟩
British Colonial Beach Resort (Best Western), Bay Street/Marlborough Street, P.O. Box N 7148, ☏ 322-3301, ⊠ 322-2286. Eindrucksvoller Bau von 1922 mit über 300 Zimmern. Ⓢ⟩
El Greco Hotel, West Bay Street Ecke Augusta Street, P.O. Box N-4187, ☏ 325-1121, ⊠ 325-1124. Kleines Hotel (25 Zi., 1 Suite) im spanischen Stil gegenüber Lighthouse Beach. Ⓢ

The Little Orchard, Village Road, P.O. Box N 1514, ☏ 393-1297. Hübsch gelegene Ferienwohnungen und -häuschen unweit der Montagu Beach. Supermärkte, Restaurants u. Sporteinrichtungen in der Nähe. Ⓢ

⌂ **Buena Vista,** Ecke Delancy/Meeting Street, ☏ 322-2811. Europäische Küche. 200 Jahre alte Villa im Kolonialstil. Bevorzugtes Restaurant der ansässigen Geschäftsleute. Reservierung empfohlen. Ⓢ⟩⟩

Graycliff, West Hill Street, ☏ 322-2796. Kontinentale Küche in historischem Gebäude. Eines der bekanntesten – und sehr teuren – Restaurants Nassaus. Reservierung notwendig. Ⓢ⟩⟩
Sun And ..., Lake View Road bei der Shirley Street, ☏ 393-1205. Unbestritten das exquisiteste Restaurant Nassaus und ein beliebter Prominententreff. Das Lokal ist auch mit Instruktionen schwer zu finden, daher empfiehlt sich die Fahrt mit dem Taxi.

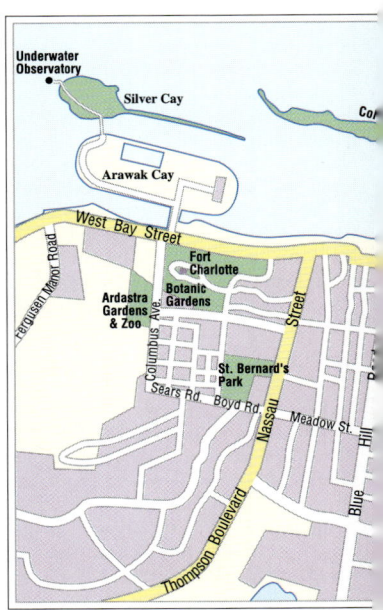

Französische Küche, die sich auf Meeresfrüchte spezialisiert hat. Reservierung und Dinnerjacket ein Muß. August/September geschl. $\textcircled{S}\textcircled{)}$

Green Shutters Restaurant, 48 Parliament Street, ☏ 325-5702. Bevorzugter Treff für Liebhaber englischer Country-Pub-Atmosphäre. Bietet englisch-bahamanische Küche. $\textcircled{S}$

The Poop Deck, East Bay Street, ☏ 393-8175. Ca. 8 Autominuten vom Stadtzentrum entfernt liegt das Seafood-Restaurant mit großer Terrasse direkt am Wasser. Schöner Blick auf Paradise Island. $\textcircled{S}$

Europe, im Ocean Spray Hotel an der West Bay Street, ☏ 322-8032. Die leckersten deutschen Spezialitäten in Nassau. Beliebter Treff deutscher und nordamerikanischer Urlauber. Lockere Atmosphäre. $\textcircled{S}$

Roselawn Cafe, Bank Lane bei der Bay Street, ☏ 325-1018. Eines der lieblichsten Restaurants im alten Stadtkern mit hübscher Gartenterrasse. Italienisch-bahamanische Küche. $\textcircled{S}$

Wandmalerei in der Junkanoo Expo am Hafen

Bahamian Kitchen, Trinity Place bei der Market Street, ☏ 325-0702. Einer der beliebtesten Orte für gute bahamanische Hausmannskost. Ⓢ

Cable Beach

🏨 **Nassau Marriott and Crystal Palace Casino,** P.O. Box N 8306, ☏ 327-6200, 📠 327-6459. Das Kasino, die Shows, Restaurants und Bars des frisch renovierten 857-Zimmer-Hotels sind nächtliche Anlaufstelle vieler Urlauber. Ⓢ⟩⟩

Sandals Royal Bahamian Hotel, P.O. Box N 10422, ☏ 327-6400, 📠 327-6961. Elegante Unterkunft der mittleren Größe (145 Zi., 25 Bungalows), nur für Paare. Ⓢ⟩

Forte Nassau Beach Hotel, P.O. Box N 7756, ☏ 327-7711, 📠 327-7615. Mehr als 400 Zimmer umfaßt das stilvoll eingerichtete Hotel im Herzen von Cable Beach. Ⓢ⟩

Radisson Cable Beach Casino & Golf Resort, P.O. Box N 4914, ☏ 327-6000, 📠 327-6987. Das große Hotel mit über 600 Zimmern hat ein eigenes Kasino und daher auch Las-Vegas-Atmosphäre. Ⓢ⟩

The Breezes Bahamas, P.O.Box N3026, ☏ 327-8231, 📠 327-6727. Das U-förmige Hotel direkt neben dem Nassau Forte Beach verfügt über mehrere Restaurants und Bars sowie ein spezielles Kinderprogramm. Ⓢ

Days Inn Casuarinas, P.O. Box N 4016, ☏ 327-7921, 📠 327-8152. Persönlich geführtes Hotel (77 Zi., 14 Suiten), das eine echte Alternative zu den teuren Hotelpalästen darstellt. Ⓢ

Orange Hill Beach Inn, P.O. Box N 8583, ☏ 327-7157. Abseits vom großen Trubel bietet das kleine, familiäre Hotel mit 32 Zimmern ein gemütliches Urlaubsheim. Ⓢ

🏨 **Androsia Seafood Restaurant,** West Bay Street im Henrea Carlette Hotel, ☏ 327-7805. Feines Restaurant unter deutscher Leitung mit nautischem Design. Auch Filmstars waren hier schon zu Gast. Reservierung empfohlen. Ⓢ⟩

Round House Restaurant, West Bay Street, im Days Inn Casuarinas, ☏ 327-8153. Familiäres Restaurant mit vielgelobter bahamanisch-amerikanischer Küche. Ⓢ⟩

Paradise Island

🏨 **Club Land'Or,** P.O. Box SS 6429, ☏ 363-2400, 📠 363-3403. Ein Time-Sharing- und Hotelkomplex mit 70 Wohneinheiten. Ⓢ⟩

Club Med, P.O. Box N 7137, ☏ & 📠 363-2640. Am westlichen Ende der Insel liegt das Club-Dorf mit fast 400 Zimmern in dreistöckigen Bungalows direkt am Strand. Ⓢ⟩

Atlantis Paradise Island Resort & Casino, P.O. Box N 4777, ☏ 363-3000, 📠 363-3524. Ein gigantischer Hotelkomplex mit 1150 Zimmern. Das hauseigene Kasino, die Unterhaltungsshow und die Restaurants und Bars sind Publikumsmagneten. Ⓢ⟩

Ocean Club, P.O. Box N 4777, ☏ 363-3000, 📠 363-3524. Sehr feines Hotel (77 Zi.) umgeben von faszinierenden Gärten im franz. Stil. Ⓢ⟩

Radisson Grand Resort, P.O. Box SS 6307, ☏ 363-3500, 📠 363-3900. Bietet neben viel Komfort einen herrlichen Blick auf den Atlantik. Ⓢ⟩

Sunrise Beach Club & Villas, P.O. Box SS 6519, ☏ 363-2234. Attraktive kleine Apartmentanlage unter österreichischer Leitung inmitten einer tropischen Gartenanlage. Ⓢ⟩

Pirate's Cove Holiday Inn Sunspree Resort, P.O. Box SS 6214, ☏ 363-2100. Das höchste Hotelgebäude der Bahamas lockt mit über 500 frisch renovierten Zimmern und einem kostenlosen Kindertagesprogramm. Ⓢ

Comfort Suites, P.O. Box SS 6202, ☏ 363-3680, 📠 363-2588. 150 gemütlich eingerichtete Junior-Suiten. Gilt als preiswerte Unterkunft gehobenen Niveaus. Ⓢ

Bay View Village, P.O. Box SS 6308, ☏ 363-2555, 📠 363-2370.

Nassau bei Nacht

Wenn es Nacht wird über der Altstadt und den angrenzenden Urlaubsgebieten Cable Beach und Paradise Island, gehen allenfalls die müden Surrey-Pferde schlafen. Jetzt erst beginnt Aladins Wunderlampe zu leuchten, lärmen die Shows und glitzern die Unterhaltungspaläste – allen voran die grell illuminierten und lauten Kasinos, die stark an die Glücksspielpaläste in Las Vegas oder Atlantic City erinnern. Der Eintritt ist frei, die Kleidung leger, genügend Taschengeld aber sollte man auf jeden Fall dabei haben. Wer des Spielens überdrüssig geworden ist, kann sich in den Kasino-Palästen weiter amüsieren, deren unterhaltsame Bühnenshows Las Vegas kopieren.

Heiße karibische oder auch nordamerikanische Diskoklänge ertönen in vielen Clubs der Gegend. Die beliebtesten sind: **Club Waterloo,** East Bay Street, ☎ 393-1108, karibische Musik, Mo–Sa 11–4 Uhr;
Fanta-Z, West Bay Street im Marriott Hotel, ☎ 327-6200, Laserdisko, jede Nacht 21–4 Uhr;
Rock & Roll Cafe, neben Nassau Beach H., Cable Beach, ☎ 327-7711, laute Rockmusik, tgl. 11–1 Uhr;
Le Paon, Sheraton Grand Hotel auf Paradise Island, ☎ 363-2011, moderne, große Disko, Fr und Sa 21–2 Uhr.

Wer des nachts auf Bar- und Disko-Tour geht, sollte aus Sicherheitsgründen ein Taxi nehmen. Einen guten – und sicheren – Überblick über das turbulente Nachtleben Nassaus bietet auch die Bar-Tour des Tour-Veranstalters **Majestic Tours,** ☎ 322-2606.

30 Ferienwohnungen aller Größenordnungen in einem herrlichen tropischen Garten; Tennisanlage. ⑤

⌂ **Bahamian Club,** Bird Cage Walk, im Atlantis-Paradise Island Resort, ☎ 363-3000. Kontinentale Küche, serviert in einem vornehmen, georgianisch ausgelegten Diningroom des Hotels. Reservierung und Dinnerjacket notwendig. ⑤⟫
Cafe Martinique, gegenüber dem Atlantis-Paradise Island Resort, ☎ 363-3000. Ausgezeichnetes, apart dekoriertes französisches Restaurant mit Blick auf die Lagune. Reservierung und Dinnerjacket erforderlich. ⑤⟫
Courtyard Terrace, Ocean Club Hotel, ☎ 363-3000. Unglaublich romantischer Ort für ein Abendessen zu zweit – inmitten eines tropischen Palmengartens. Auch hier Reservierung und Dinnerjacket obligatorisch. ⑤⟫
Villa D'Este, Bird Cage Walk, Atlantis-Paradise Island Resort, ☎ 363-3000. Elegantes italienisches Restaurant. Reservierung notwendig. ⑤

Postboot am Potters Cay

Grand Bahama

Kasino-Glamour und Delphine

Seite 63

Gran Bajamar, die große Untiefe, wurde die Insel von den Spaniern genannt, voller Respekt vor den für ihre Schiffe gefährlich flachen Gewässern. Schon zur Kolonialzeit war jener seemännische Nachteil der Little Bahama Bank im Norden für die Bewohner der Insel profitabel, denn nur zu leicht ließen sich die Schätze der havarierten Boote heben. Heute machen sie ihr Geschäft mit den sportbegeisterten Urlaubsgästen, die sich in den vom Golfstrom erwärmten glasklaren Gewässern zu nimmermüden Wasserratten entwickeln. Seien es je nach Geschmack die blitzsauberen Strände der Südküste oder aber die voller Trubel steckenden Kasinos der beiden Urlaubszentren Freeport und Lucaya – Grand Bahama übt eine magische Anziehungskraft aus. Wer allerdings ein zweites historisches Nassau erwartet, wird enttäuscht sein. Inselweit und insbesondere in Freeport und Lucaya, die quasi nahtlos ineinander übergehen, überwiegt das Neue.

Bei aller naturgegebenen Schönheit: Eine Fahrt über den Westteil der Insel offenbart schnell ein vieldiskutiertes Kapitel in der Vergangenheit der einzigen Insel mit einer bescheidenen Industrieansiedlung. Nur zu gerne hätten manche Politiker sie zur wirtschaftlichen Metropole der Bahamas ausgebaut. Die Nähe zu Florida verhieß aussichtsreiche Geschäfte. Doch leere Fabrikgebäude zeugen von fehlgeschlagenen Investitionen und vergangenen Zeiten industrieller Ambitionen.

So ist Freeport keine gewachsene Stadt, sondern das Produkt des Geschäftsmagnaten Wallace Groves, der in den 50er Jahren hier einen Freihafen einrichtete. 1955 schloß der investitionsfreudige Amerikaner mit der damaligen Regierung den Hawksbill-Creek-Vertrag ab: Groves erhielt 20000 ha Land, Steuerfreiheit und die Erlaubnis, zollfrei Waren zu importieren. Im Gegenzug verpflichtete er sich, einen Tiefseehafen zu bauen und das Gebiet in ein Industriezentrum mit vielen Arbeitsplätzen zu verwandeln.

Freeport erlebte tatsächlich eine kurze wirtschaftliche Blüte, in der Groves' Konzern eine Menge Geld verdiente. Mit dem Regierungswechsel auf den Bahamas im Jahre 1967 und der Rezession in den USA änderte sich jedoch die Lage: Die Geschäfte gingen nur noch schleppend und viele ausländische Firmen zogen sich von der Insel zurück. Wallace Groves, ein Mann großer Visionen, hatte allerdings schon früher eine andere Geldquelle entdeckt – das touristische Potential Grand Bahamas. Ende 1963 eröffnete er das Lucayan Beach Hotel, ein Luxushotel mit Spielkasino. Damit war Lucaya, die hübsche Zwillingsschwester der wenig ansehnlichen Industriestadt Freeport, geboren. Heute ist der Tourismus der wichtigste Wirtschaftszweig der Insel, Lucaya wuchs zum Ferienparadies, selbst Freeport wandte sich dem Urlaubsgeschäft zu. Allerdings scheint sich der seit 1992 amtierende Premierminister Hubert Ingraham erneut auf Freeport als Industriestandort zu besinnen.

Freeport/Lucaya

Es war die besondere Entstehungsgeschichte, die das Gesicht Freeports geprägt hat: Zwar gibt es auch hier edle Villen und große Gärten, aber außerhalb des Stadtkerns stößt man immer wieder auf Fabrikgebäude und Armen-Wohnviertel. Der East Sunrise Highway, eine großzügig angelegte Straße, verbindet Freeport mit dem Nachbarort Lucaya, in dem Hotelbauten dominieren. Die beiden Städte gehen fließend ineinander über, niemand weiß zu sagen, wo die Grenze verläuft. Zu einem gemütlichen Spaziergang laden beide Orte nicht so recht ein, und auch die Einheimischen gehen selten zu Fuß. Die Sehenswürdigkeiten steuert man am besten mit Mietwagen, Taxi, Bus oder Fahrrad an.

Tanker im Hafen von Freeport

Seite 63

Im Herzen von Freeport liegt das wichtigste Ziel aller Kreuzfahrtpassagiere, die in wahren Völkerwanderungen von Bord der gigantischen Schiffe strömen: der **International Bazaar.** Obwohl dieses große Einkaufszentrum tatsächlich relativ wenig Inseltypisches zu bieten hat – bereits das Eingangstor in Form eines chinesischen Torbogens erinnert eher an Chinatown – ist es dennoch einen Besuch wert. Der 1967 gebaute Einkaufspark umfaßt die stolze Zahl von rund 90 Geschäften, Restaurants und Buden, die kulinarische Spezialitäten und Waren aus etwa 25 Ländern der Erde feilbieten.

Einladung zur Ruhepause im International Bazaar

Weniger riskant fürs Portemonnaie gestaltet sich ein Besuch im **Rand Memorial Nature Centre.** Dieses 40 ha große Waldgebiet zwischen Freeport und Lucaya trägt den Namen von James Rand, ehemals Präsident des amerikanischen Unternehmens Remington Rand, der der Insel ein Krankenhaus und eine Bücherei schenkte. Besonders Orchideenliebhaber kommen auf den geführten Touren durch den Naturschutzpark auf ihre Kosten: Im Reservat blühen über 20 verschiedene wilde Orchideenarten. ☉ Touren mit Führer Mo–Fr 10, 14 und 15 Uhr, So 14 und 15 Uhr.

Für viele Urlauber aber stehen Freeport und Lucaya für ein Grün der anderen Sorte, kurz geschoren und peinlich genau von wildwachsenden Pflänzchen frei gehalten. Fünf makellose **Golfplätze** (s. S. 36) sorgen im Stadtgebiet für sportliche Abwechslung.

Dem Element Wasser widmet sich die weit über die Landesgrenzen hinaus bekannte **Underwater Explorers Society (UNEXSO)** in Port Lucaya (s. S. 61). Ihre

Der International Bazaar imitiert auch Fernöstliches

Tauchschule genießt international einen guten Ruf, und ihre Arbeit mit einer Gruppe von Großen Tümmlern, genannt **Dolphin Experience,* lockt scharenweise Besucher an.

Inseltouren

Freeport und Lucaya sind, wenn auch touristisch gesehen am bedeutsamsten, nicht alles, was Grand Bahama zu bieten hat. Da die Insel sehr flach ist, bieten sich Fahrradausflüge in die nähere Umgebung an: zum Beispiel zu den schönen Stränden *Taino Beach* (zwischen Freeport und Lucaya) und *Fortuna Beach* (Lucaya) oder zum *Garden of the Groves,* einem botanischen Garten kurz vor dem Grand Lucayan Waterway.

Die Nordküste ist – zum Vorteil der heimischen Tierwelt – fast nur per Boot zugänglich, und so bleibt für eine Inselexkursion per Auto (am besten zwei Tagestouren) nur die einzige durchgehende Straße im Süden.

Nach Westen: Am besten beginnt man mit der kürzeren, rund 50 km langen Strecke, die an das Westende der Insel führt. Zunächst geht es von Freeport aus auf dem West Sunrise Highway an Industrie- und Geschäftsbauten vorbei zum **Hawksbill Creek,** 8 km, einem von der Nord- zur Südküste verlaufenden Meeresarm. In den Morgenstunden bieten die Fischer hier an der Brücke ihren Fang zum Verkauf an; als Abfall hinterlassen sie Berge von leeren Conch-Schnecken.

Kleine Dörfer, die einmal bessere Zeiten gesehen haben, als am Westende der Insel eine bekannte Ferienanlage Touristen empfing, säumen nun die Straße. Dennoch lohnt es sich, nach Hinweisschildern zu kleinen Geschäften, Cafés, Kirchen und *blue holes* („Blaue Löcher", s. S. 10) Ausschau zu halten und sich in der beschaulichen Ruhe der Landschaft auf den Alltag der Menschen einzulassen. So kann es passieren, daß an einem sonnigen Sonntagmorgen plötzlich bewegtes Gospelsingen aus einer der vielen Dorfkirchen erklingt und man von den für den Gottesdienst hübsch herausgeputzten Kindern neugierig beäugt wird. Einprägsame Erlebnisse wie diese sind hier keine Einzelfälle.

Hinter dem vielversprechenden Ortsnamen **Eight Mile Rock,** 14 km, verbirgt sich nichts weiter als eine sich über acht Meilen hinziehende Wohnsiedlung. Mit etwas Geduld und Glück bei der Suche, am besten aber durch Befragen der Einheimischen, kann man an der der Küste zugewandten Seite von Eight Mile Rock einen Blick in ein *boiling hole* werfen. Das Wasser, das unter Druck durch die unterirdischen Höhlengänge strömt, sprudelt hier an die Oberfäche, daher der Name „kochendes Loch" (s. S. 10).

West End, 50 km, die älteste Ansiedlung der Insel – bereits die Lucayaner (s. S. 18) lebten hier – ist heute nur noch ein Schatten dessen, was es zu Zeiten der amerikanischen Prohibition darstellte. Damals war das westliche Ende der Insel ein wichtiger Umschlagplatz für den Alkoholschmuggel. Bis vor wenigen Jahren bestimmte die luxuriöse Ferienanlage „Jack Tar Village" mit ihrem Golfplatz, tropischen Gärten und einem Jachthafen das Leben an der Westspitze der Insel. Als das Hotel vor einigen Jahren nach einem Streik der Mitarbeiter geschlossen wurde, blieben nur verfallende Hütten, verblaßte Werbeschilder und eine hohe Arbeitslosenquote. Die neue Regierung hat es sich nun zur Aufgabe gemacht, nicht nur die Ferienanlage wieder zu eröffnen, sondern die ganze Region touristisch zu beleben. Teil dieses Reanimationsprogramms ist das von der Inselverwaltung initiierte, wöchentlich stattfindende *West End Move,* ein fröhliches und vor allem noch unkommerzielles Straßenfest, das man nicht verpassen sollte. Jeden Samstag wird an der Strandpromenade vom späten Vormittag bis in den späten Abend getanzt, gegessen und getrunken.

Seite 63

Nach Osten: Begeisternde Naturreservate und kilometerlange, einsame Sandstrände erwarten den Reisenden, der sich von Freeport aus Richtung Osten aufmacht.

Für den Ausflug in das 93 km entfernte McLean's Town braucht man wegen der vielen attraktiven Plätze und der schlechten Straßen leicht einen ganzen Tag. Die Fahrt beginnt auf dem East Sunrise Highway.

Seite
63

UNEXSO & **Dolphin Experience

Der Ruf des Taucherzentrums der Underwater Explorers Society, kurz UNEXSO, reicht weit über die Grenzen der Bahamas, ja sogar der gesamten Karibik, hinaus. Die renommierte Tauchschule und die Delphin-Show locken unzählige Besucher nach Port Lucaya auf Grand Bahama. Im Schnitt wagen 2500 Urlauber pro Jahr unter den Augen der UNEXSO-Tauchprofis ihren allerersten Unterwassergang mit Maske und Sauerstoffflasche. Zu diesem Zweck verfügt das Taucherzentrum (🕐 täglich 8–18 Uhr, ☎ 373–1244) über ein fast 6 m tiefes Tauchbecken mit Beobachtungsfenster und eine Dekompressionskammer. Geprüfte und sehr erfahrene Tauchlehrer erteilen Anfänger- und Fortgeschrittenenkurse (PADI- und NAUI-Tauchprüfungen mit Abschlußurkunde möglich). Für einen Zweitageskurs muß man rund 80 $ bezahlen, ein Lehrgang, den man mit einem Zertifikat abschließt, kostet inklusive Ausrüstung etwa 325 $.

Zum Tauchzentrum gehören ein Laden, in dem es Souvenirs und Wassersportzubehör zu kaufen und Unterwasserkameras zu mieten gibt, eine Fachbücherei, ein Vorführraum mit Unterwasserfilmen und ein kleines Museum zur Geschichte des Tauchens, das eine Reihe von aus dem Meer geborgenen Schätzen enthält. Als bevorzugter Tauchplatz außerhalb des Übungsbeckens im Tauchzentrum wird das nahe Treasure Cay angesteuert.

Auch bei Nichttauchern ist die UNEXSO bekannt – durch **Dolphin Experience.** Die Stars der Show sind eine Gruppe von zahmen Tümmlern. Dem Protest von Tierschützern ist es zu verdanken, daß die Delphine, die sich früher mit relativ wenig Raum begnügen mußten, heute in einer der größten Delphin-Einrichtungen der Welt leben, der Sanctuary Bay. Rund 20 $ bezahlt man für die 3 km lange Fahrt mit der Fähre zur Sanctuary Bay und die Delphin-Show. Der absolute Renner aber ist das Schwimmen mit den Delphinen (50 $); die Flipper sind recht zutraulich und lassen sich auch streicheln. Wem das noch nicht genug ist, der kann sich von den Tieren ins offene Meer begleiten lassen und dort mit ihnen schnorcheln (60 $) oder tauchen (95 $). Ein Erlebnis, das man nicht so schnell vergißt. Kein Wunder, daß die Dolphin Experience – vor allem während der Hauptsaison im Winterhalbjahr – oft schon Wochen im voraus ausgebucht ist. Eine rechtzeitige Reservierung ist daher empfehlenswert.

Erster lohnenswerter Halt ist der romantisch angelegte Park **Garden of the Groves,** 10 km; auf einem Hügel steht zwischen Wasserfällen, Teichen und vielen exotischen Baumarten eine kleine Kapelle, die gerne für Hochzeitszeremonien gemietet wird.

Direkt neben dem botanischen Garten kann man sich in den Räumen des **Grand Bahama Museum** über die Geschichte der Insel informieren. Dort sind Gegenstände aus der Indianerkultur und der Piratenzeit ausgestellt. ◷ Garten u. Museum Di–So 9–17 Uhr.

Ebenfalls nicht weit von Lucaya entfernt liegt im herrlichen türkisblauen Meer **** Peterson's Cay National Park,** eine winzige Insel, die man per Boot ab Port Lucaya erreicht. Ein Unterwasserpfad führt Schnorchler und Taucher durch das wahrlich spektakuläre Riff der Insel. Allerdings könnte man sich allein für diesen Ausflug schon einen ganzen Tag Zeit nehmen (und sollte dann auch Proviant einpacken).

Im **** Lucayan National Park** hinter Gold Rock (39 km) kann man sich eine weitere Portion unverfälschte Natur holen. Zwei *blue holes,* der winzige sichtbare Teil eines weitverzweigten, mit Wasser gefüllten Höhlensystems, überraschen den Spaziergänger am Ende eines schmalen Weges durch einen lichten Pinienwald. Ein rund 1,5 km langer Plankenweg führt vom Parkplatz aus durch Mangrovendickicht und Ufergestrüpp zu einem kleinen, lieblichen Strand namens *Gold Rock Beach,* an dem man herrlich baden kann.

Die Dörfer Richtung Osten sind nicht gerade aufsehenerregend: eine Kneipe, eine Kirche, ein Miniaturladen, eine Tankstelle und ein paar einfache Häuser – mehr gibt's da nicht. Um so attraktiver ist *** Pelican's Point,** 77 km, der wahrscheinlich schönste Strand der Insel. Groß und – weil nicht ganz unbeschwerlich zu erreichen – einsam, ist er ein romantischer Platz für verliebte junge Pärchen, die im Schatten der ma-

jestätischen Palmen die Zweisamkeit genießen. Hier lärmen keine Boote oder Ghettoblaster aus den Imbißbuden.

Der Highway endet schließlich in dem Städtchen **McLean's Town,** 93 km, das ganz aufs Angeln eingerichtet ist. Von hier aus kann man sehr gut zum Hochseefischen aufbrechen. Die vielen kleinen Mini Cays sind unbewohnt, nur auf *Deep Water Cay* und *Sweetings Cay* (Wassertaxi von McLean's Town oder Charterflugzeug von Freeport aus) liegen kleine Ansiedlungen und auf Angler spezialisierte Resorts.

Praktische Hinweise

❶ Auskunftsschalter des **Ministry of Tourism** am Flughafen, ☎ 352–2052; am Kreuzfahrthafen, ☎ 352–7888; im International Bazaar, ☎ 352–6909, und in Port Lucaya, ☎ 373–8988; Info-Büro des **Grand Bahama Island Promotion Board** im International Bazaar, ☎ 352–7848.

✈ Der internationale Flughafen in Freeport wird von Bahamasair und Air Canada bedient.

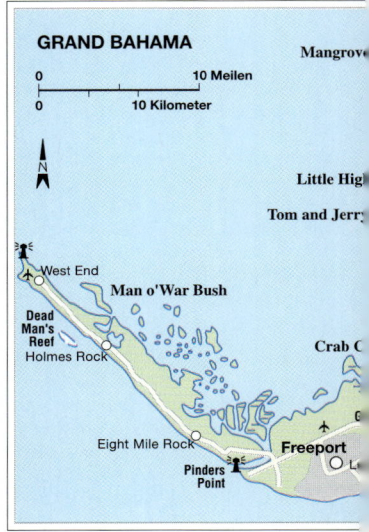

Andere internationale Fluglinien überlassen die Verbin-
dung USA – Grand Bahama
kleineren Partnergesellschaf-
ten: American Eagle (Mia-
mi), Delta Connection Comair (Fort Lauderdale, Tampa,
Orlando), Gulfstream Airlines (Ft. Lauderdale, Miami);
Bahamasair und Taino Air
bieten Flüge zu den Out
Islands an.

Die **Taxifahrt** zu den Hotels
in Freeport oder Lucaya kostet
rund 10 $.
Freeport Taxi Company, ☎ 352–6666,
und Austin and Sons, ☎ 352–5700.

*Nicht mehr ganz neu ist dieses
Haus in West End*

🛥 **Kreuzfahrtschiffe** von Florida
aus: Palm Beach Cruise Line (Tages-
kreuzfahrten von West Palm Beach,
☎ USA 407–394–7450) oder Carnival
Cruise Lines (Miami), Discovery
Cruises (Fort Lauderdale), Kloster
Cruise Line (Miami), Majesty Cruise
Line (Miami), Norwegian Cruise Line
(Miami), Royal Caribbean Cruise Lines
(Miami) und Sea Escape (Fort Lauder-
dale).

Mangrovenküste

Um per **Postschiff** zu den Out Islands zu gelangen, muß man zunächst nach Nassau, Potter's Cay (s. S. 41), fahren.

🚌 Busse verkehren in Freeport und Lucaya (0,75 $ pro Fahrt) und zwischen den Städten (1 $); einen Fahrplan gibt es nicht.

Mietwagen: Avis (☏ 352–7666), Dollar Rent-A-Car (☏ 352–3714), Hertz (☏ 352–9250), National (☏ 352–9308).

Freeport

🏨 **Bahamas Princess Resort & Casino,** P.O. Box F 2623. Mit über 900 Zimmern das größte Resort auf der Insel; mitten in Freeport, direkt neben dem International Bazaar. Eigener Golfplatz, zwölf Tennisplätze und ein großes Kasino. Die Ferienanlage besteht aus zwei Teilen: Princess Country Club, ☏ 352–6721, Ⓢ, und Princess Tower, ☏ 352–9661; 📠 352–4485 (für beide). Ⓢ

Xanadu Beach Resort, P.O. Box F 2438, ☏ 352–6782, 📠 352–5799. Das Resort, auch „Pink Palace" genannt, war einst jahrelang das Heim des Milliardärs Howard Hughes. Es liegt direkt am Strand und verfügt über 139 komfortabel eingerichtete Zimmer. Ⓢ

Castaway Resort, P.O. Box F 2629, ☏ 352–6682, 📠 352–5087. Lebhaftes 130-Zimmer-Hotel neben dem International Bazaar. Busservice zum Xanadu Beach. Ⓢ

Sun Club Resort, P.O. Box F 1808, ☏ 352–3462, 📠 352–5785. Sauberes, gut geführtes kleines Hotel unweit des Flughafens. Bustransfer zum Strand. Ⓢ

🍴 **Ruby Swiss,** neben dem Bahamas Princess Tower, ☏ 352–8507. Restaurant unter Schweizer Führung, internationale Küche mit großer Menüauswahl. Ⓢ

Guanahani's Restaurant, im Hotel Princess Country Club, ☏ 352–6721. Spezialität: Barbecue und Meeresfrüchte. Romantische Atmosphäre. Ⓢ

Pier 1, Freeport Harbour, ☏ 352–6674. Lebhaftes Restaurant unter deutscher Führung, direkt am Kreuzfahrthafen gelegen. Ⓢ

Lucaya

🏨 **Lucayan Beach Resort & Casino,** P.O. Box F 336, ☏ 373–7777, 📠 373–2826. Großes Hotel mit Kasino und Unterhaltungsprogramm. Ⓢ

Clarion Atlantik Beach Resort, P.O. Box F 531, ☏ 373–1444, 📠 373–7481. Großes gepflegtes Hotel unter Schweizer Führung, direkt am Strand. Mit europäischem Flair. Ⓢ

Port Lucaya Resort & Yacht Club, direkt am Port Lucaya, ☏ 373–6618, 📠 373–6652. Brandneues Resort mit 160 Zimmern und eigenem Bootshafen (Marina). Ⓢ

Club Fortuna, P.O. Box F 2398, ☏ 373–4000, 📠 373–5555. Relativ neues Resort (all-inclusive) unter italienischer Leitung, rund 5 km östlich von Lucaya Beach. Ⓢ

🍴 **Luciano's,** in Port Lucaya, ☏ 373–9100. Eines der besten italienischen Restaurants auf Grand Bahama. Ⓢ

The Stoned Crab, am Taino Beach, ☏ 373–1442. Sehr gute Fisch- und Meeresfrüchte-Gerichte, große Portionen, direkt am Strand. Ⓢ

Pusser's Co. Store & Pub, Port Lucaya, ☏ 373–8450. Beliebter Treffpunkt mit herrlichem Blick über den Jachthafen. Einfache internationale und bahamanische Küche. Ⓢ

Übrige Insel

Deep Water Cay Club, ☏ 359–4831, 📠 359–4831 oder USA: P.O. Box 1145, Palm Beach, FL 33480, ☏ (407) 684–3958. Kleines, sehr abgelegenes Resort mit 12 Bungalows auf dem privaten Deep Water Cay (Nähe Sweetings Cay) im äußersten Südosten Grand Bahamas mit eigener Landebahn und Flugservice von West Palm Beach, Florida. Besonders bei Anglern sehr beliebt. Ⓢ

Eleuthera
Harbour Island
Spanish Wells

Seite 67

Ein Häuschen so schmuck wie das andere

Kenner der Bahamas sind überzeugt – Eleuthera ist eine der schönsten Inseln des Archipels. Lang und grazil liegt sie zwischen den seichten Gewässern des Exuma Sound und den dunklen Tiefen des Atlantischen Ozeans. Die grünen Hügel, einsamen Sandstrände und beschaulichen Fischerdörfer laden zu einer gemütlichen Inselexpedition ein. Über Unterkünfte braucht man sich keine Gedanken zu machen, Eleuthera verfügt über das größte Touristikangebot der Out Islands.

Eleuthera war die erste Insel der Bahamas, die nach der Ausrottung der Ureinwohner neu besiedelt wurde. Im Jahre 1648 stach eine Gruppe englischer Puritaner von den Bermudas aus in See, um einen Ort zu suchen, wo sie ihre Religion in Freiheit ausüben konnten. Als ihr Schiff vor einer Insel auf Grund gelaufen war, entschlossen sie sich zu bleiben. Sie nannten das Eiland Eleuthera (griechisch: die Freie).

„Loyalist House" auf Harbour Island

Die rund 10000 Einwohner, die heute auf der Insel leben, sind größtenteils Nachfahren dieser „Eleutherianischen Abenteurer" oder aber der Loyalisten und deren Sklaven, die es im 18. und 19.Jh. auf die Inseln zog. Haupteinkommensquellen auf Eleuthera, das als „Ananasinsel" bekannt ist, sind in der

Island hopping per Wasserflugzeug

Gegenwart Landwirtschaft, Tourismus und Fischerei.

Wer im Süden der 170 km langen Insel, in der Nähe von Rock Sound, ankommt, kann Eleuthera mit dem Auto an einem Tag bis hinauf in den Norden erkunden und abends wieder in den Süden zurückfahren. Will man aber Spanish Wells oder Dunmore Town auf Harbour Island kennenlernen, empfiehlt es sich, zunächst ein paar Tage im Süden zu verbringen, dann in den Norden zu fahren und später vom Flughafen in Nord-Eleuthera heimzureisen.

Seite 67

Im äußersten Süden der Insel, der wie eine Schwanzflosse geformt ist, gibt es weder Ferienanlagen noch Sehenswürdigkeiten, nur ein paar kleine Dörfer.

Rock Sound, ein nettes, kleines Städtchen, liegt ein paar Kilometer südlich des Flughafens. Früher war es unter dem Namen „Wreck Sound" bekannt: Viele der damaligen Einwohner hatten sich auf das Plündern von Schiffen spezialisiert und brauchten nur zu warten, bis wieder eines auf ein Riff oder eine Sandbank vor Eleuthera auflief. Es macht Spaß, in Rock Sound durch die kleinen Geschäfte zu bummeln, die Handarbeiten und Kunstgegenstände der Einheimischen feilbieten. Mitten im Ort befindet sich außerdem das berühmte * **Ocean Hole,** ein riesiges, rund 75 m breites „Blaues Loch", das man für einen Teich halten könnte. In Wirklichkeit aber soll es bis in die dunklen Tiefen des Atlantiks reichen.

Die Fahrt Richtung Norden führt auf dem Queen's Highway zunächst nach **Tarpum Bay.** In dem verschlafenen Fischerdörfchen leben einige bekannte Künstler, z.B. Macmillian Hughes und Mal Flanders, in deren Gemälden sich das Inselgeschehen widerspiegelt. Wer es nicht eilig hat, kann eine Pause einlegen, sich die Kunstwerke ansehen und mit den Malern plaudern. Weiter geht's vorbei an dichten Pinienwäldern und der vom Highway aus nicht sichtbaren, noblen Privatinsel *Windermere Island,* auf der die internationale Geld-

adel in schicken Villen renommiert. Bald hat man **Governor's Harbour** erreicht; hier errichteten die „Eleutherianischen Abenteurer" im 17.Jh. ihre erste Siedlung, nachdem sie eine Weile in der Höhle **Preacher's Cove** im äußersten Norden der Insel gelebt hatten. Im 19.Jh., als man von Governor's Harbour noch Ananas und Zitrusfrüchte nach Nordamerika verschiffte, war das Städtchen eine der geschäftigsten und reichsten Siedlungen der Bahamas. Doch diese Zeiten sind längst vorbei, und inzwischen zählt die Ankunft des Postbootes aus Nassau zu den wichtigsten Ereignissen der Woche in der Stadt mit den alten viktorianischen Holzhäusern. Sehenswert sind die *St. Patrick's Anglican Church* aus dem 19.Jh. sowie das recht stattliche alte *Commissioner's House* im Herzen des Ortes.

Rund 50 km weiter nördlich reihen sich rechts und links der Straße mächtige Silos auf, Überbleibsel der einst blühenden **Hatchet Bay Farm,** die für ihre Angus-Rinderzucht bekannt war und gerade wieder in Schwung gebracht wird. Der Hafen von **Hatchet Bay** gilt als einer der feinsten der Bahamas und wird von vielen Jachten angelaufen. Wer keine Angst vor finsteren Höhlen und Fledermäusen hat, kann sich hier auch von einem Einheimischen gegen ein geringes Entgelt den Weg durch die **Hatchet Bay Cave** leuchten lassen.

Wesentlich sonniger geht es in **Gregory Town** zu, dem Ananas-Zentrum der Insel. Daß die Zeiten, in denen die Ananas wichtigstes Exportgut Eleutheras war, längst vergangen sind, wird hier einfach ignoriert. Unbeirrt feiert man einmal im Jahr im Sommer das große *Pineapple Festival.* Die nach wie vor – allerdings in kleineren Mengen – geernteten Ananas werden in der dorfeigenen Brennerei zu einem süffigen Ananasrum verarbeitet, dem „Gregory Town Special", den man gleich an Ort und Stelle versuchen sollte.

Rund 8 km weiter nördlich überquert dann der Queen's Highway einspurig die schmalste Stelle Eleutheras, die bekannte ***Glass Window Bridge.** Es lohnt sich, hier anzuhalten und einen Blick von der Brücke durch das darunterliegende riesige glaslose „Fenster" zu werfen, wo sich die rauhen Wellen des Atlantiks mit den türkisschillernden Gewässern des Exuma Sound vermischen.

Seite
67

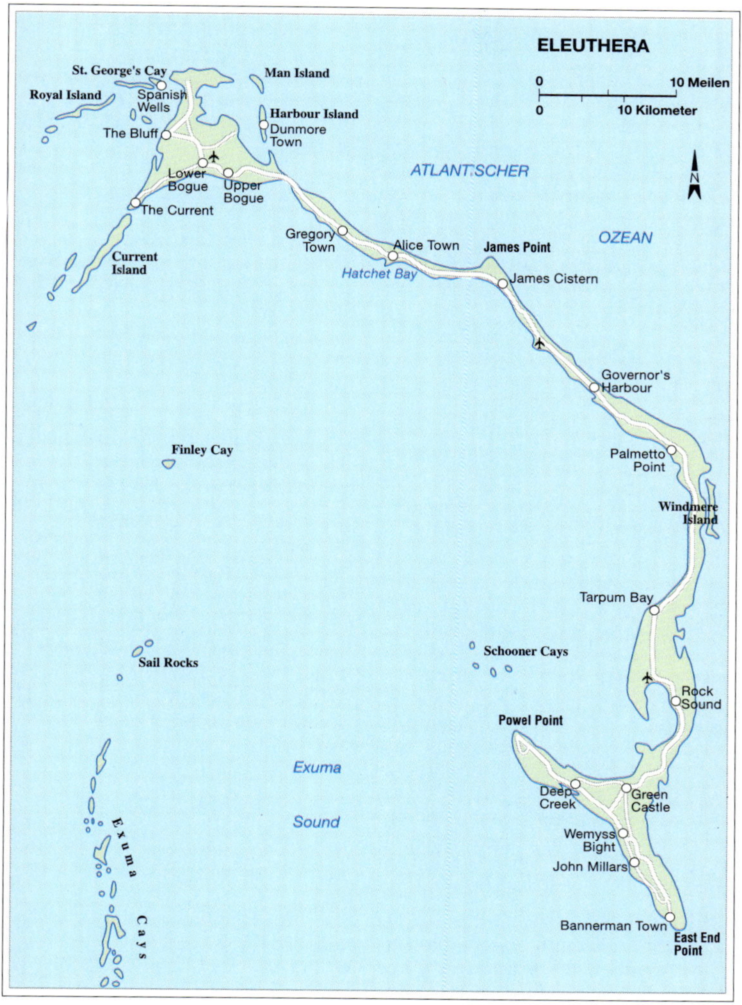

ELEUTHERA

0   10 Meilen
0   10 Kilometer

N

St. George's Cay
Man Island
Royal Island
Spanish Wells
Harbour Island
The Bluff
Dunmore Town
ATLANTISCHER
Lower Bogue
Upper Bogue
The Current
OZEAN
Gregory Town
Alice Town
James Point
Current Island
Hatchet Bay
James Cistern
Governor's Harbour
Finley Cay
Palmetto Point
Windmere Island
Tarpum Bay
Sail Rocks
Schooner Cays
Rock Sound
Powel Point
Exuma
Deep Creek
Green Castle
Sound
Wemyss Bight
John Millars
E x u m a   C a y s
Bannerman Town
East End Point

Es gefällt den stolzen Bewohnern der Mini-Inseln Harbour Island und St. George's Cay – letztere ist besser bekannt als Spanish Wells – ganz und gar nicht, daß ihre Inseln von vielen einfach als Teil von Eleuthera angesehen werden. Geographisch gesehen ist das sicher nicht so abwegig, aber der Wunsch der vor allem auf St. George's Cay überwiegend weißen, sehr religiösen Bevölkerung nach Differenzierung hat seine Wurzeln in der Geschichte.

Harbour Island, oder „Briland", wie es die Einheimischen liebevoll nennen, wurde vor über 300 Jahren von Puritanern besiedelt, zu denen sich 135 Jahre später Loyalisten aus den USA gesellten. Bevor Nassau Hauptstadt der Bahamas wurde, nahm **Dunmore Town** diese bedeutsame Stellung ein. Das historische Städtchen, das man von Eleuthera aus per Wassertaxi erreicht, ist ohne jeden Zweifel einen Besuch wert: Der rund 5 km lange, pudrige, rosafarbene (!) Sandstrand am türkisfarbenen Wasser kann wahrhaftig begeistern. Die in Pastelltönen gestrichenen *Clapboard*-Häuschen mit ihren weißen Holzzäunen runden das Bild farblich ab. Beim Bummel durch die friedlichen Sträßchen der Stadt entdeckt man überall Restaurants, Bars und kleine Geschäfte.

Die rund 10 minütige Fahrt mit dem Wassertaxi von Eleuthera nach **St. George's Cay** versetzt den Besucher in eine andere Welt. Die Bewohner von **Spanish Wells** – der Name verrät, daß in vergangenen Jahrhunderten spanische Schiffe hier ihre Süßwasservorräte aus Quellen auffüllten – sind die wohlhabendsten Menschen im Archipel. Sie genießen den Ruf, die besten Fischer weit und breit zu sein, und haben sich auf den Fang jener Meerestiere spezialisiert, die am meisten Geld einbringen: Hummer *(crawfish).*

Die blauäugigen, rotblonden Bewohner der Stadt, allesamt Nachfahren der „Eleutherianischen Abenteurer" und der Loyalisten, bilden eine weiße En-

klave auf den Bahamas. Die strenggläubigen Anglikaner und Methodisten gelten als recht verschlossen; vielleicht ist auch ein wenig Neid im Spiel, wenn auf den anderen Inseln behauptet wird, die Leute in Spanish Wells seien arrogant und vom vielen Geld verdorben.

Zwar gibt es auf der Insel keine herausragenden Sehenswürdigkeiten, aber ein Spaziergang durch das Städtchen mit den vielen Kirchen und alten, bunt bemalten *Clapboard*-Häusern lohnt sich allemal; zwischendurch kann man sich in kleinen Bars wie *The Cave Bar* oder *Carol's Place* eine Erfrischung gönnen.

Praktische Hinweise

✈ Drei Flughäfen: **North Eleuthera, Governor's Harbour** für Zentral-Eleuthera und **Rock Sound** für den Süden. Es ist wichtig, den „richtigen" Flughafen anzufliegen, da sonst enorme Taxikosten entstehen können (ca. 100 $ vom Süden in den Norden).

🚢 **Postschiff** ab/bis Nassau. Auf den Inseln gibt es zahlreiche Bootsvermietungen, ❶ in den Hotels.

Mietwagen, zur Inselexpedition preiswerter als das Taxi, können in Governor's Harbour, Palmetto Point, Rock Sound und auf Harbour Island gemietet werden, ❶ in den Hotels.

Taxitouren mit Führer unternimmt Maude Peterson, Governor's Harbour, ☎ 332–2283, und Major's Taxi Service, Harbour Island, ☎ 333–2043.

Eleuthera

🏨 **Club Eleuthera,** Rock Sound, P.O. Box EL93, ☎ 334–4055. Sehr exklusives Resort (all-inclusive) mit 36 Zimmern in versteckt gelegenen Strandhütten. Ⓢ
Club Med Eleuthera, Governor's Harbour, P.O. Box EL 80, ☎ 332–2270. 300-Zimmer-Club (all-inclusive) mit Sport- und Unter-

haltungsangebot sowie Kinderprogramm. Ⓢ

The Cove E., Gregory Town, P.O. Box EL 2007, ☎ 335-5142, 🖷 335-5338. Schöne, große Zimmer in Bungalows mit Terrasse unter Palmen direkt an einer kleinen Badebucht. Ⓢ

Hilton's Haven, Tarpum Bay, ☎ 334-4231 oder 4125. Kleines, sauberes Hotel (12 Zi.) mit Restaurant unter der beherzten Leitung von „Bahama Mama" Mary Hilton. Ⓢ

Unique Village, North Palmetto Point, P.O. Box 187, Governor's Harbour, ☎ 332-1830, 🖷 332-1838. Brandneues kleines Hotel direkt am Atlantik. Sehr familiäre, lockere Atmosphäre. Ⓢ

Glass Window Bridge

🍴 **The Cove,** im Hotel The Cove Eleuthera. Bahamanisch-amerikanische Küche in großem Restaurant mit Tropenmöbeln. Ⓢ

Harbour Island/Dunmore Town

🏠 **Coral Sands Hotel,** Dunmore Town, ☎ 333-2320/2350, 🖷 333-2368. Mit stiller Eleganz geführtes Hotel direkt am rosafarbenen Strand. Ⓢ

Valentine's Yacht Club, Dunmore T., ☎ 333-2142/2080, 🖷 333-2135. Freundliches, familiäres kleines Wassersport-Resort mit Marina. Ⓢ

Restaurant auf Harbour Island

🍴 **Runaway Hill Club,** im gleichnamigen Hotel in Dunmore Town, Colebrook Street. Bahamanisch-amerikanische Küche mit herrlichem Blick auf den rosafarbenen Strand. Ⓢ

Angela's Starfish Restaurant, Ecke Dunmore/Grant Street, Dunmore T. Sehr beliebt wegen der einfachen, preiswerten, aber sehr leckeren bahamanischen Küche. Ⓢ

Coral Sands Mediterranean Cafe, im gleichnamigen Hotel. Dinner nur mit Reservierung; hervorragende Fischgerichte serviert auf einer Terrasse mit Blick auf Palmengarten und Meer. Ⓢ

Seite 67

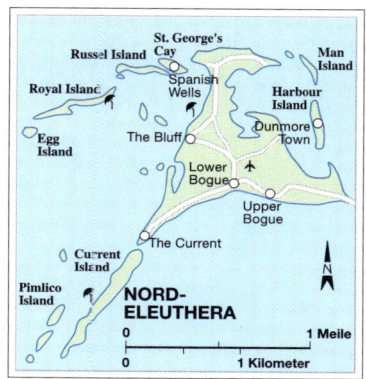

Abacos Islands

Seite
71

Schiffbau am Schiffsfriedhof

Aus der Luft betrachtet erinnern die Inseln und Cays des Abaco-Archipels an einen angeknabberten Bumerang, der allerdings rund 200 km lang und 25 km breit ist. Die westliche Hälfte von Great Abaco besteht aus unzugänglichem Sumpfland, das in ein zerfleddertes Netz aus vielen Inselchen übergeht. Die eigentlichen touristischen Perlen der Abacos kleben an der Nordostseite: Elbow Cay, Man-O-War Cay, Great Guana Cay, Treasure Cay und Green Turtle Cay. Den Abschluß der langen Inselkette, die sich nordwestlich an Little Abaco anschließt, bildet Walker's Cay, ein Anglerparadies.

Die Abacos haben jedem touristischen Geschmack etwas Besonderes zu bieten: Winzige Fischerdörfer im Neuengland-Stil, Segel- und Angelgründe, die zu den besten der Welt gerechnet werden, unzählige palmenumsäumte Cays und sogar städtisches Leben in Marsh Harbour, dem drittgrößten Ort auf den Bahamas. Nicht zuletzt gelten die Abacos als Dorado für Schatzsucher, da die gefährlichen Untiefen rund um die Inselkette im Laufe der Jahrhunderte zum Friedhof für über 500 Schiffe geworden sind.

Die Geschichte dieser Inseln prägten die Loyalisten; sie kamen in den 80er Jahren des 18. Jhs. aus New York sowie North und South Carolina auf die Inseln, weil sie nicht länger in einem Land leben wollten, das nicht mehr zur britischen Krone gehörte. Ihre mühsamen Versuche, den Boden zu bewirtschaften, erwiesen sich als wenig erfolgreich, und so konzentrierten sie sich ganz auf das nasse Element. Man-

che verlegten sich auf die Fischerei, andere begannen Schiffe zu bauen und brachten es darin zur Meisterschaft (s. S. 72). Es gab auch solche, die sich ihren Lebensunterhalt mit *wrecking* verdienten: Sie übernahmen die Fracht der Schiffe, die auf eines der Riffe vor Abaco aufgelaufen waren. Nicht immer verließ man sich auf das Glück – oft wurde mit irreführenden Leuchtsignalen ein wenig nachgeholfen.

Im Vergleich zu anderen Out Islands kann man sich auf den Abacos recht gut mit dem Auto bewegen; von der Südspitze von Great Abaco Island, wo der alte Leuchtturm von Hole-in-the-Wall steht, bis zum nördlichsten Zipfel von Little Abaco Island gibt es eine durchgehende Straße, deren Zustand allerdings einiges zu wünschen übrig läßt. Für die Ausflüge auf die wirklich sehenswerten Cays benötigt man natürlich ein Boot.

Die Abacos verfügen zwar über mehrere kleine Flughäfen, in der Regel aber wird man in der Hauptstadt **Marsh Harbour** ankommen. Die Stadt mit ihren 3500 Einwohnern ist das Geschäftszentrum der Insel und die Versorgungsstation für Touristen, darunter viele Segler, und Einheimische. Hier gibt es Benzin, Proviant und alle anderen Dinge des täglichen Bedarfs. Natürlich kann man in Marsh Harbour auch seine Ferien verbringen – ein großer Jachthafen, ein paar kleine Hotels und schöne Strände sind vorhanden.

Von hier aus lassen sich gut Tagesausflüge unternehmen – auf die Cays im Osten oder mit dem Auto Richtung Norden nach Little Abaco Island. Dem südlichen Teil des „Bumerangs" mangelt es an Sehenswürdigkeiten, und die Westhälfte der Insel läßt sich nur an zwei Stellen – bei Cooper's Town im Norden und Sandy Point im Süden – befahren. Nur selten betritt ein Mensch das undurchdringliche Sumpfland.

Um so attraktiver für Touristen ist die Atlantikseite mit den vorgelagerten Inselchen und schönen Stränden. Für

eine Inselexpedition braucht
man allerdings ziemlich viel
Geduld: Die Straßen sind
stellenweise sehr schlecht, die
Siedlungen liegen weit aus-
einander, und die schier endlosen Pinienwälder können
den Eindruck von Eintönig-
keit aufkommen lassen. Und
sehr viel ist auf Great Abaco
auch im Norden nicht zu sehen. Außer ein paar gut ver-

Seite
71

ABACOS ISLANDS

Walker's Cay
Spanish Cay
West End Point
Wood Cay
Powell Cay
Crown Haven
Cooper's Town
Little Abaco Island
Nunjack or Manjack Cay
Rock Harbour Cays
Green Turtle Cay
New Plymouth
Grand Bahama Island
Whale Cay
Great Guana Cay
August Cay
Treasure Cay
Scotland Cay
Man-O-War Cay
Sweetings Cay
Joes Creek
Little Bahama Bank
Marsh Harbour
Elbow Cay
Hope Town
Big Bersus Cay
Great
Spring City
Tiloo Cay
Abaco
Mores Island
Island
Cherokee Sound
Pine Beach
Gorda Cay
Crossing Rock
Sandy Point
Cross Harbour Point
South West Point

0   10 Meilen
0   10 Kilometer

N

Schiffe „made in The Bahamas"

Wichtigstes Fortbewegungsmittel auf den Bahamas war und ist zweifellos das Boot. Zwar haben die schwimmenden Gefährte seit der Erfindung des Flugzeuges heftige Konkurrenz von oben bekommen, aber für die meisten Bahamaner ist das Boot nach wie vor fast so alltäglich wie der Pkw für den Mitteleuropäer. Daß die Bahamaner seit 150 Jahren zur Riege der meistrespektierten Bootsbauer der Welt gehören, hat zwei Ursachen: Zum einen *mußten* sie Boote bauen, denn für Fortbewegung, Transport und Fischfang waren sie unerläßlich, zum anderen gab es auf den Inseln reichlich geeignetes Holz.

Zentrum des bahamanischen Schiffsbaus sind seit jeher die Abacos, vor allem Man-O-War Cay. Seit eineinhalb Jahrhunderten werden hier äußerst seetüchtige Schiffe gebaut, vom kleinen, wendigen Dingi bis zum großen Frachtschoner. Das friedliche Man-O-War Cay vermittelt den Eindruck, als wäre die Zeit stehen geblieben – für den Schiffsbau aber trifft das sicherlich nicht zu; selbst im Jahrzehnt der Hochtechnologie können es die dort gebauten Boote jederzeit mit der internationalen Konkurrenz aufnehmen.

Auch auf den Bahamas hat man sich auf die moderne Glasfaser besonnen, aus der schnittige und schnelle Boote in allen Größen hergestellt werden. Aber es gibt sie immer noch, die kleinen Handwerksbetriebe, in denen erfahrene Männer die Boote auf traditionelle Weise aus heimischen Hölzern zusammenbauen. Wer ein solches Boot besitzt, behandelt es wie einen kleinen Schatz. Doch egal ob Glasfaser oder Holz – ein Boot, das die Auszeichnung „made in The Bahamas" trägt, ist mit Sicherheit etwas Besonderes.

Seite 71

steckten *blue holes,* die man sich von Einheimischen zeigen lassen muß, gibt es nur zwei attraktive Orte: das moderne Touristenzentrum Treasure Cay und das verschlafene Städtchen Cooper's Town.

Legt man Out-Island-Maßstäbe an, dann ist auf der Halbinsel ** **Treasure Cay** wirklich der Bär los. Zur Anlage gehören ein traumhaft schöner Strand vor türkis schillerndem, flachem Wasser, ein attraktiver Golfplatz, ein großer Jachthafen, Ferienhäuser und -appartements sowie feine Villen, diverse Restaurants und Bars, ja sogar ein eigenes Einkaufzentrum.

Eine andere Welt dagegen ist das kleine Fischerdorf **Cooper's Town** weiter im Norden. In den Heimatort des Premierministers Hubert Ingraham verirrt sich nur selten ein Besucher. Hier – und auch auf der angrenzenden Insel Little Abaco – spielt sich das Leben meist auf dem Wasser, im Tante-Emma-Laden,

an der Tankstelle und in den kleinen Kirchen und Gasthäusern ab.

Wer sich lange, öde Autofahrten ersparen und lieber gleich auf die touristisch interessanten Cays gelangen möchte, startet am besten in **Marsh Harbour;** eine Fähre, die in der Nähe des Gt. Abaco Beach Hotels ablegt, bringt die Besucher nach Elbow Cay und Man-O-War Cay. Weil sie so klein sind, eignen sich beide jeweils für Tagesausflüge. Für Ruhesuchende sind die beiden Inselchen sowie Green Turtle Cay weiter im Norden ideal für einen mehrwöchigen Urlaub. Auf dem stillen Man-O-War Cay gibt es allerdings weder ein Restaurant noch ein Hotel, so daß man die einsamen Strände am Abend wieder verlassen muß.

Ein Besuch auf **Elbow Cay** mit der Siedlung ** **Hope Town** ist ein Ausflug in eine heile Welt. Gleich bei der Ankunft am winzigen Dock wird man von einem wirklich malerischen, weiß-rot gestreiften Leuchtturm begrüßt – der wohl am meisten fotografierte der Out Islands. Seinen Bau im Jahre 1830 hatten die Bewohner Hope Towns anfangs zu sabotieren versucht, schließlich bedeutete er das Aus für ein ziemlich einträgliches Geschäft: das Plündern auf Grund gelaufener Schiffe. Von der Spitze des fast 37 m hohen Turms hat man einen herrlichen Ausblick auf das Meer und die benachbarten Cays.

Bei einem Spaziergang durch das 350-Seelen-Dorf fühlt man sich schon nach wenigen Minuten regelrecht verzaubert von den buntbemalten *Clapboard*-Häuschen, den schmalen autofreien Sträßchen und den zurückhaltenden, aber sympatischen Menschen. Hope Town ist eine „weiße" Stadt: die Mehrzahl der Bewohner stammt von den Loyalisten und ersten Siedlern der Insel ab. Kriminalität ist ein Fremdwort in der engen Dorfgemeinschaft, in der jeder jeden kennt. Fenster und Türen bleiben daher selbstverständlich auch während der Nacht unverschlossen.

Friedlich und gesittet, besser gesagt sehr puritanisch, geht es auf dem nahen ** **Man-O-War Cay** zu, dem Bootsbauzentrum der Bahamas. Viele der rund 170 Einwohner heißen mit Nachnamen *Albury,* ein bedeutungsvoller Name im Bootsbau. Das Cay befindet sich nach wie vor fest in der Hand der Nachfahren der einstigen Loyalisten, die hier noch ein bißchen disziplinierter und religiöser sind als auf der Nachbarinsel. Die Bewohner gelten als arbeitsame, ehrliche Menschen und fleißige Kirchgänger; Alkoholgenuß ist verboten, der Bikini absolut verpönt. Besucher sollten sich daher etwas zurückhalten und die Sitten und Gefühle der Gastgeber respektieren.

Um das dritte, ebenfalls sehr züchtige Musterinselchen zu erreichen, fährt man von Marsh Harbour mit dem Auto etwa eine Stunde nach Norden; einige Kilometer nördlich von Treasure Cay befindet sich das Dock, an dem die Fähre nach **Green Turtle Cay** ablegt.

Seite 71

Viele Strände sind ideal für Kinder

Einladung zu einem Bier

Schwämme werden heute in alle Welt exportiert

★★ New Plymouth, die Hauptansiedlung auf dem rund 5,5 km langen und 800 m breiten Inselstreifen ist ebenfalls eine typische Siedlung getreuer Gefolgsleute der englischen Krone aus dem 18. Jh. Die 400 Bewohner leben in hübschen bunten *Clapboard*-Häuschen und arbeiten als Bootsbauer oder Fischer oder im Tourismus. In New Plymouth gibt es ein paar nette Restaurants und Bars und das **Albert Lowe Museum,** das in einem 150 Jahre alten Haus Schiffsmodelle und andere Gegenstände aus der Vergangenheit der Cays zeigt. Im übrigen geht es auch hier sehr ruhig und friedvoll zu, Wege erledigt man zu Fuß, per Boot oder mit dem Fahrrad, und die Ankunft des wöchentlichen Postbootes aus Nassau ist Anlaß zu einem Schwätzchen am Dock.

Walker's Cay, die nördlichste der zu den Abacos zählenden Inseln, erreicht man nur mit einem eigenen oder gemieteten Boot oder aber per Privatflugzeug. Einst diente das Cay Piraten und anderen Gesetzlosen als Schlupfwinkel, heute ist das **Walker's Cay Hotel & Marina** (☎ 352–5252, 🖷 352–3301, in USA ☎ 305–522–1469) ein bei Tauchern, Seglern und Hochseeanglern sehr beliebter Aufenthaltsort. Im Frühjahr und im Sommer finden hier regelmäßig Turniere für Sportfischer statt. Auch Taucher kommen am nahen Barriereriff auf ihre Kosten. Andere Unterhaltungsangebote aber wird man auf Walker's Cay vergeblich suchen.

Praktische Hinweise

🛪 Drei Flughäfen: **Marsh Harbour, Treasure Cay** und **Walker's Cay.** Letzterer gehört zum dortigen Resort und wird von der privaten Fluglinie Walker's International von Fort Lauderdale aus bedient. Die beiden anderen Flughäfen werden von Florida bzw. Nassau aus angeflogen.

🚢 **Postboote** von Nassau.

Kreuzfahrtschiffe der Premier Cruise Lines (ab Cape Canaveral, Florida);

Drei- oder Vier-Tagesreisen mit Ausflügen nach Green Turtle Cay, Great Guana Cay, Man-O-War Cay und Treasure Cay.
Fähre (Albury's Ferry Service, ☎ 367–2306) von Marsh Harbour nach Elbow Cay (Hope Town) und Man-O-War-Cay (je 20 Min., ca. 10 $); von Treasure Cay nach Green Turtle Cay (New Plymouth, ca. 8 $). Zahlreiche **Bootsvermietungen** (ab 60 $ pro Tag und 350 $ pro Woche je nach Größe); ❶ in den Hotels.

Mietwagen in Marsh Harbour (Agatha Archer Car Rental, H&L Car Rentals, Shell Gas Station) für ca. 60 $ pro Tag.

Marsh Harbour

🏠 **Abaco Towns by the Sea,** P.O. Box 486, ☎ 367–2227 oder 🖷 USA (305) 359–3080. Hübsche, geräumige Villen (bis 6 Pers.). ⓢ
Great Abaco Beach Hotel, P.O. Box AB 20511, ☎ 367–2158, 🖷 367–2819. Großzügige Hotelzimmer und Ferienvillen am Meer. Eigene Marina. ⓢ
Conch Inn Yacht Club & Marina, P.O. Box AB 20469, ☎ 367–4000, 🖷 367–4004. Kleines, komfortables Hotel mit eigener Marina direkt zwischen Dock und Stadtmitte. Treffpunkt von Jachtfans und Einheimischen. ⓢ

🏠 **Harbour Lights,** Great Abaco Beach Hotel. Bahamanische und internat. Gerichte, Blick auf den Strand. ⓢ
Mangoes Restaurant, Front Street, spezialisiert auf bahamanische Gerichte, Treff von Bootsleuten und Einheimischen. ⓢ
Wally's, Bay Street. Gepflegtes Ambiente, einheimische Küche. ⓢ

Treasure Cay

🏠 **Treasure Cay Resort,** 2301 South Federal Highway, Fort Lauderdale, FL 33316, USA, ☎ (305) 768–9530. Ferienhäuser; Hoteleinheit war bei Redaktionsschluß noch nicht geöffnet. Mehrere Tennisplätze, ein Golfplatz, eine Marina, das Restaurant Spinnaker, Bars und ein herrlicher Strand. ⓢ

Elbow Cay/Hope Town

🏨 **Hope Town Hideaways,**
☎ 366–0224, 🖷 366–0434, oder in
Deutschland CRD International,
Rathausplatz 2, 22926 Ahrensburg,
☎ 04102–51167, 🖷 04102–31713.
Neue, traumhaft schöne Ferienvillen
(inkl. kleinem Boot) mit Blick über
den kleinen Hafen. Ruhige, familiäre
Atmosphäre. Ⓢ
Abaco Inn, ☎ 366–0133,
🖷 366–0113. Rustikale Bungalows mit
Blick auf das Meer etwas außerhalb
von Hope Town. Ⓢ
Hope Town Harbour Lodge, Hope T.,
☎ 366–0095, 🖷 366–0286. Hübsches
kleines Hotel direkt am Hafen, belieb-
ter Treffpunkt der Bootsurlauber. Ⓢ
Sea Spray Resort & Villas, White
Sound, ☎ 366–0065, 🖷 366–0383.
Einfache, aber geräumige Ferienhäuser
am südlichen Zipfel von Ellbow Cay;
familiäre Atmosphäre, Marina. Ⓢ
🍴 **Club Soleil,** Western Harbourfront,
direkt am Jachthafen. Spezialität:
Meeresfrüchte bahamanische Art. ⓈⓈ
Harbour's Edge, direkt am Dock.
Sehr beliebt bei den Einheimischen,
bahamanische Speisen. Ⓢ

Green Turtle Cay/New Plymouth

🏨 **Green Turtle Club,**
☎ 365–4271, 🖷 365–4272; außerhalb
von New Plymouth. Geschmackvoll
eingerichtete Bungalows, die sich
großzügig um die eigene Marina
verteilen. Sehr beliebt bei
Jachtfans.
Bluff House Club & Marina,
☎ 365–4247, 🖷 365–4248.
Bungalows auf dem Hügel
über dem Jachthafen; eigene
Marina. Ⓢ
New Plymouth Club & Inn,
☎ 365–4161, 🖷 365–4138.
Historisches Gästehaus mit
familiärer Atmosphäre im
alten Ortskern. Ⓢ
Im Restaurant leckere bahamanische Speisen in locke-
rem, abends auch roman-
tischem Ambiente. Ⓢ

Seite
71

Schiffsmodell im Albert Lowe
Museum in New Plymouth

Das New Plymouth Inn: Hübsche
Architektur und leckere Küche

In der Mittagshitze genießen die
Bahamaner die Kühle der Häuser

Exumas

Seite 83

Für jeden Tag ein Cay

Einer unregelmäßigen Perlenkette gleich ziehen sich die vielen sandigen Cays der Exumas mehr als 160 km durch das in sämtlichen Blau- und Grüntönen schillernde Wasser des Atlantischen Ozeans. Eingerahmt werden die hügeligen Inseln im Westen von den glasklaren Gewässern der Exuma Bank und im Osten von dem bis zu 1500 m tiefen Exuma Sound.

Die Zahlen variieren, jedoch bestehen die Insulaner darauf, für jeden Tag im Jahr mindestens ein Cay zu haben. Zwar sind die Exumas touristisch längst nicht so erschlossen wie zum Beispiel die Abacos Islands oder Eleuthera, dennoch haben die rund 365 kleinen Inselchen gerade für Urlauber, die die Ruhe und Schönheit der Natur per Boot genießen möchten, mehr zu bieten als jede andere Inselgruppe der Bahamas. Die meisten der rund 3500 Einwohner leben auf den beiden Hauptinseln Great Exuma und Little Exuma, die durch eine einspurige alte Brücke miteinander verbunden sind. Das wiederum macht die kleinen Eilande im Norden tatsächlich zu einem wahren Juwel für Tiere und Pflanzen.

Schon bald nach der Ankunft wird dem Besucher auffallen, daß die meisten Bewohner der Exumas den Nachnamen „Rolle" tragen. Dies ist auf den einstigen Plantagenbesitzer Lord Rolle zurückzuführen, der im 18. Jh. seinen Sklaven nicht nur wie damals allgemein üblich seinen Namen, sondern angeblich auch seine weitläufigen Ländereien vermachte. Eine großzügige Handlung, die allerdings Folgen für die Gegenwart hat: Gültige Dokumente,

d. h. Übertragungsurkunden, von Lord Rolle sind nicht vorhanden, und die dadurch komplizierten und ungeklärten Eigentumsverhältnisse sind der Entwicklung der Insel nicht unbedingt zuträglich. Doch es scheint, als legten die Insulaner ohnehin nicht viel Wert auf eine Änderung ihres gemütlichen und friedlichen Lebensstils: Die größte Herausforderung des Tages ist das Umfahren der riesigen Schlaglöcher auf den altersschwachen Inselstraßen – und auch diese Übung wird wohl bald entfallen, da man eifrig mit der Ausbesserung der Schäden beschäftigt ist. Was an Nahrungsmitteln gebraucht wird, bauen die Bewohner im eigenen Garten an oder holen es sich aus dem Meer vor der Haustür. Nebenher verdienen sie sich ein paar Dollar mit Serviceleistungen in der allmählich wachsenden Tourismusbranche.

Die größte Siedlung der Exumas, die Hauptstadt **George Town,** erinnert eher an ein verschlafenes Dorf als an ein Verwaltungszentrum. Der eindrucksvollste Bau des Städtchens ist das rosafarbene *Government House* im Kolonialstil mit seinen imposanten weißen Säulen; hier sind das Polizeihauptquartier, das Büro des Regierungsbeauftragten, das Gericht und das Gefängnis untergebracht. Nur etwa hundert Schritte entfernt steht die hübsche anglikanische Kirche *St. Andrew's* auf einem kleinen Hügel; von hier hat man einen guten Blick über George Town und auf die Insel **Stocking Island,** die für ihre schönen Strände und die *Mystery Cave* – ein weit verzweigtes Höhlensystem unter Wasser – berühmt ist.

Zu den wichtigsten Attraktionen der Exumas gehört der rund 455 km² große *****Exuma Cays Land & Sea Park;** er beginnt nördlich von Staniel Cay bei Conch Cut und zieht sich über viele winzige, unbewohnte Inseln Richtung Norden bis hinauf zum Wax Cay Cut. Taucher und Schnorchler kommen in diesem großartigen Naturschutzgebiet ebenso auf ihre Kosten wie Vogelfreunde oder Bootsurlauber auf der Suche nach ihrem ganz persönlichen Inselparadies.

Auf den Allan's Cays leben die vom Aussterben bedrohten *Rock Iguanas*, Leguane, die eine Länge von 90 cm erreichen können. Der Besuch des Naturparks ist allerdings recht kostspielig, denn man kann ihn nur per Charterboot (von Nassau auch per Speedboat) vom südlichen Teil der Exumas, zum Beispiel von George Town aus, erreichen. Auskunft geben die Hotels oder der **Bahamas National**

Seite 83

Bahamanische Drachen nennt man die Leguane auf den Exumas

Leguane: lebende Fossilien

„Bahamanische Drachen" – so nennen die Einheimischen, die ja bekanntlich eine Vorliebe für das Mystische haben, die Leguane. Feuer spucken die kleinen Nachfahren der Saurier natürlich nicht. 400 verschiedene Arten von Leguanen gibt es noch auf der Welt, viele von ihnen sind vom Aussterben bedroht.

Vier Arten der Gattung *Anolis* leben auf den größeren Bahamas. Früher konnte man sie an vielen Stränden antreffen, doch die Bewohner der Inseln betrachteten die urzeitlich aussehenden Echsen in erster Linie als willkommene Fleischlieferanten, und so haben sich die Bestände inzwischen drastisch reduziert. Kleinere Leguanarten bevölkern die Cays in der Lagune des Bight of Acklins zwischen Crooked und Acklins Island und San Salvador. Allerdings sind die Tiere dort extrem scheu und daher nur schwer zu entdecken. Auf Andros und auf den nördlichen Inseln der Exumas sind größere Leguanarten zu Hause.

Die unbestrittenen Stars unter den bahamanischen Leguanen sind die bis zu 90 cm langen und über 12 kg schweren *Rock Iguanas (Cyclura inornata)*, die heute nur noch auf der kleinen Inselgruppe Allan's Cays nördlich des Exuma-Naturparks angetroffen werden können. Ihre stattliche Größe und ihre Zutraulichkeit begeistern die Besucher, die lange Wege zurücklegen, um einen Nachmittag unter urweltlichen Tieren zu verbringen.

Tatsächlich erinnert das Äußere der Echsen an kleine Drachen. Sie haben eine schmutziggelbe schuppige Haut mit Zickzackmuster und rötlichen Schatten um den Kopf und am Beinansatz. Auch die tiefroten Augen der Rock Iguanas machen verständlich, warum die Einheimischen die Leguane mit einem urtümlichen Ungeheuer vergleichen. Doch die Rock Iguanas sind friedfertige Pflanzenfresser und greifen niemals Menschen an. Nur wenn sie sich bedroht fühlen, verteidigen sie sich mit einem kräftigen Schwanzhieb, der nicht zu unterschätzen ist.

Aggressiv und bissig gegenüber neugierigen Eindringlingen und Feinden zeigen sich die kauzigen Verwandten auf dem amerikanischen Festland, die schwarzen Leguane Mittelamerikas. Welch ein Unrecht, die harmlosen und faulen bahamanischen Rock Iguanas als Drachen zu bezeichnen.

Trust (P.O. Box N 4105, Nassau, New Providence, ☎ 393-1317).

Die vielen unberührten Inseln und die wohltuende Gelassenheit der Menschen sind nur zwei Aspekte der Exumas, an denen man Gefallen finden kann. Auch Segler finden hier ideale Bedingungen vor. Die alljährlich im April stattfindende *Family Island Regatta* verwandelt die stillen Exuma Islands in einen fröhlichen Rummelplatz und gilt als das größte Ereignis auf den Out Islands.

Reisende, die sich für die Bewohner des Urlaubslandes interessieren, werden bei Gesprächen schnell herausfinden, daß diese Inseln einige außergewöhnliche Charaktere hervorgebracht haben. Ein weit über die Grenzen der Exumas bekanntes, schillerndes „Unikum" ist die über 70 Jahre alte Gloria Patience, auch *Shark Lady* genannt. Die gutherzige, rauhbauzige ältere Dame lebt auf Little Exuma in einem alten kleinen Haus, durch das die Linie des *Tropic of Cancer* (Wendekreis des Krebses) verläuft und dessen Wohnräume gleichzeitig als Museum und Flohmarkt dienen. Noch heute fährt die Shark Lady hinaus aufs Meer, um auf Haifang zu gehen. Ihre Beute verwertet sie vollständig, selbst aus den Knochen fertigt sie kunstvolle Halsketten – bei Exuma-Urlaubern ein beliebtes Souvenir. Über 2000 Haie will die Dame bisher erledigt haben, und dabei hat sie einige gefährliche Abenteuer überstanden. Der größte war ein 5,5 m langer Tigerhai, der schlimmste ein weiblicher Hammerhai, der ihr Boot in Stücke gerissen hat.

Praktische Hinweise

🛩 Der **Exuma International Airport** rund 15 km nördlich der Hauptstadt George Town wird von mehreren Fluglinien bedient: Bahamasair (Nassau), American Eagle und Island Express (Miami und Fort Lauderdale) sowie Gulfstream Airlines (Miami). Im Norden auf **Staniel Cay** gibt es einen kleinen Privatflughafen für Chartermaschinen.

🚢 Vier **Postschiffe** von Nassau, Potters Cay (MV Lady Roslyn, MV Captain Moxey, MV Grand Master und MV Sea Hauler) laufen verschiedene Häfen der Exumas an.

Eine Taxifahrt vom Flughafen nach George Town kostet rund 22 $. **Mietwagen** (rund 60 $ pro Tag, 300 $ pro Woche) gibt es in George Town.

🏨 **The Bahama Club** (Ritz-Carlton, geöffnet ab Winter 1995), im Norden von Great Exuma Island ist Exumas erstes 5-Sterne-Resort mit eigenem Golfplatz und rund 145 Marina-Plätzen. Ⓢ

Club Peace & Plenty, Queen's Hwy., P.O. Box 29055, George Town, ☎ 336-2551, 📠 336-2093. Das sympathische Hotel – ein Teil des historischen Gebäudes diente früher als Sklavenherberge, die niedrige Bar des Hauses wurde als Sklavenküche genutzt – ist die Seele von George Town. Im Restaurant bzw. in der Bar des Hotels direkt am Hafen (mit eigenem Strand auf Stocking Island) treffen sich auch die Einheimischen. Ⓢ

Peace & Plenty Beach Inn, P.O. Box 29055, George Town, ☎ 336-2550, 📠 336-2093. Ruhiges Hotel direkt am Strand etwa 1,5 km außerhalb der Stadt. Ⓢ

Coconut Grove, P.O. Box EX 29299, George Town, ☎ 336-2659, 📠 336-2658. Hübsche kleine Hotelanlage direkt am Strand, etwa 1,5 km außerhalb der Stadt. Ⓢ

Staniel Cay Yacht Club, Staniel Cay, ☎ 355-2011, 📠 355-2044. Das Hotel, zu dem 6 Bungalows gehören, liegt geradezu ideal am Rande des Nationalparks und ist daher bei Bootsurlaubern sehr beliebt. Ⓢ

🍴 Es empfehlen sich die Restaurants und Bars der Hotels. Außerdem: **Sam's Place,** Main Street, George Town. Ausgezeichnete bahamanische Küche, Treffpunkt der Jachtfans. Ⓢ

*Schattenlos, aber traumhaft
die Strände auf Great Exum...*

Long Island

Haie am Riff

Seite 83

Woher Long Island seinen Namen hat, ist nicht schwer zu erraten: an der breitesten Stelle nur rund 6 km schmal, erstreckt sich die Insel über eine Länge von 100 km.

Nachdem die Lucayaner binnen weniger Jahrzehnte nach der Ankunft der Spanier ausgerottet waren, blieb Long Island lange unbewohnt. Erst im 18. Jh. fanden sich Loyalisten aus den amerikanischen Bundesstaaten North und South Carolina mit ihren Sklaven auf dem Eiland ein. Ihr Gastspiel währte nicht lange: Mit der Befreiung der Sklaven 1834 endete die Blütezeit auf den Baumwollplantagen, und die Gutsherren verließen Long Island. Zurück blieben die ehemaligen Sklaven. Die Insel fiel in einen Dornröschenschlaf, bis in den 60er Jahren dieses Jahrhunderts eine Gruppe deutscher Investoren Long Island mit dem Bau eines Hotelkomplexes neu belebte.

Inzwischen bezeichnen etwas über 3000 Menschen, die sich auf rund 35 Dörfer verteilen, die Insel als ihre Heimat. Ihren Lebensunterhalt verdienen sie durch eine bescheidene Landwirtschaft, durch Fischfang, Salzgewinnung und sanften Tourismus. Gerade diesem kleinen, aber nicht unwichtigen Wirtschaftsfaktor ist es zuzuschreiben, daß Long Island auch unter dem Namen Stella Maris bekannt ist, eben jenem Hotel, das die Insel wieder zurück auf die internationalen Landkarten brachte. Unter Tauchern genießt Stella Maris einen besonderen Ruf, da hier regelmäßig das aufregende Tauchen mit Haien stattfindet.

Landschaftlich hat die Insel viel Abwechslung zu bieten – von den feinen Sandstränden und flachen Buchten entlang der Westküste über die sanft ansteigenden Hügel im Inneren der Insel bis hin zu den stellenweise steilen Klippen an der Ostküste. Der unbestritten schönste Strand der Insel, ** Cape Santa Maria, liegt an der Nordspitze Long Islands und besticht nicht nur durch den pudrigen weißen Sand und das türkisblaue Meer, er ist außerdem „geräumig" und menschenleer – ein Paradies für Sonnenanbeter.

In der Nähe der kleinen, einfachen Siedlungen der Insel stößt man überall auf Ruinen aus der Zeit des großflächigen Baumwollanbaus: *Adderley's Plantation* bei Cape Santa Maria, *Gray's Plantation* bei Gray's Settlement und *Dunmore Plantation* südlich von Clarence Town.

Dem Besucher werden bald die Blechzacken auf den Dachgiebeln auffallen und Bäume, die mit Flaschen, Stöcken, Knochen und Baumwollbüscheln reich geschmückt sind – dies sind Fetische des Obeah-Kultes (s. S. 25), dem viele Long Islander immer noch große Bedeutung beimessen. Die Zeichen christlichen Glaubens auf der Insel sind die beiden Kirchen, die der bahamasweit bekannte Priester John Hawes alias Father Jerome zu Beginn dieses Jahrhunderts in Clarence Town gebaut hat: *St. Paul's,* eine anglikanische Gebetsstätte, und *St. Peter's,* ein römisch-katholisches Gotteshaus.

Praktische Hinweise

Zwei Flughäfen (**Stella Maris** im Norden und **Deadman's Cay** im Süden der Insel); Bahamasair mehrmals wöchentlich von Nassau, Island Express täglich von Fort Lauderdale (Florida) nach Stella Maris; das Resort selbst verfügt über einen privaten Charter-Service von und nach Nassau sowie Fort Lauderdale und ermöglicht bei Bedarf auch Island hopping auf die Nachbarinseln Exuma (zum Peace & Plenty Club) und Cat Island (zu Fernandez Bay Village).

🛥 **Postschiff** von Nassau nach Stella Maris bzw. in den Süden nach Clarence Town.

Die Hotels sorgen für den Transfer vom Flughafen zum Hotel und organisieren Ausflüge. Stella Maris vermittelt **Mietwagen.** Die Straßen sind miserabel.

🏨 **Stella Maris Resort Club,** P.O. Box 105, ☎ 338–5025 oder USA (305) 359–8236, 📠 338–2052 oder (305) 359–8238. Sehr freundliches Resort im Plantagenstil unter deutscher Führung. Diverse Sportanlagen, Tauchschule, Flugcharter, Marina. Ⓢ **Thompson Bay Inn,** P.O. Box 30123. An der Main Road in Thompson Bay liegt das kleine Hotel, dessen Bar gerne als Treffpunkt genutzt wird. Kein Telefon, keine Kreditkarten. Ⓢ

🏨 Die Hotels verfügen über eigene Restaurants und Bars. Kleine Gasthäuser und Snackbars finden sich in den größeren Ansiedlungen.

Seite 83

Der Grauspitzenriffhai ist zu Unrecht als aggressiv verschrien

Tauchgang mit Haien

Für viele Besucher der Bahamas steht Stella Maris auf Long Island für ein einzigartiges Unterwassererlebnis: Das Tauchen mit den Haien am Riff von Stella Maris. Die grimmig aussehenden, bis zu 2 m langen Stars der Show kommen hierher, weil sie regelmäßig gefüttert werden, und die Hobby-Taucher reisen an, um den heftigen Kampf der kräftigen Burschen um das beste Stück zu beobachten und ein Foto zu schießen. Zu sehen gibt es meist Karibische Riffhaie, Grauspitzenriffhaie und Bullsharks *(Carcharhinus leucas),* die in den flachen, ufernahen Gewässern zu Hause sind. Ganz selten taucht aus tieferen Regionen einer der gefürchteten Hammerhaie auf, die Experten zu den angriffslustigsten Meeresbewohnern zählen. Unfälle mit den Haien gab es jedoch bisher nicht. Kurz nach dem Eintreffen des Bootes vom Stella Maris Resort (Reservierungen über ☎ 336–2051) am Shark Reef sieht man die ersten dunklen Rückenflossen durch das glasklare Wasser gleiten. Die Tauchergruppe – 6 bis 14 Personen – ist vorher über das richtige Verhalten aufgeklärt worden. Ruhig und konzentriert taucht einer nach dem anderen ins Wasser und nimmt in ca. 9 m Tiefe die verabredete Position auf dem weißen Sandboden ein. Mit dem Rücken zur Riffwand, die Unterwasserkamera griffbereit, warten die Taucher mindestens ebenso gespannt wie die hungrig umherschwimmenden Haie auf das Herablassen des mit Fischen gefüllten Eimers. Die Fische werden hier nicht wie bei anderen Haifütterungen einzeln verteilt, sondern alle auf einmal ins Wasser geworfen. Das schafft natürlich Aufregung unter etwa 12 bis 18 Haien, die plötzlich nur noch den Kampf um die Beute im Sinn haben – ein echtes Naturschauspiel!

Cat Island

Unheimlicher Angelhaken

Seite 83

Die sechstgrößte Insel der Bahamas hat die Form eines Fischhakens und ist auf mehr als eine Art herausragend. Zum einen überragt der Mount Alvernia mit seinen 63 m alle anderen Erhebungen des Archipels. Zum anderen gibt es auf Cat Island so viele unheimliche Geschichten wie nirgendwo sonst auf den Bahamas. Da tummeln sich körperlose Gestalten, die vergrabene Goldschätze bewachen, und Obeah-Geister, die dem Menschen Böses zufügen können, wenn er sie nicht zu besänftigen weiß.

Auf dem Gipfel des Mount Alvernia, den man von New Bight aus anfahren kann, steht die interessanteste Sehenswürdigkeit der Insel, ** The Hermitage, eine Kapelle mit Glockenturm und winzigen Wohnräumen. Hier hat der katholische Priester Father Jerome (s. S. 80) seine letzten Lebensjahre verbracht, und hier fand er auch sein Grab. Ganz allein soll der Kirchenmann die Gebäude errichtet haben; bis ins hohe Alter führte er in den bescheidenen, niedrigen und engen Gemäuern ein entbehrungsreiches Leben. Father Jerome war und ist über seinen Tod im Jahre 1956 hinaus ein hochgeschätzter Mann auf den Bahamas.

Christliche Religion und Geisterglaube existieren auf Cat Island nebeneinander. An vielen der einfachen Häuschen wird man Obeah-Zeichen und -Gegenstände (s. S. 25 ff.) entdecken, die die Bewohner vor Unglück bewahren und die bösen Geister fernhalten sollen. Obwohl die Menschen auf der Insel aus Furcht vor den Geistern nicht offen über Obeah sprechen, erfährt man mit etwas Geduld doch die eine oder andere hintergründige Geschichte.

Weniger mysteriös, dafür heftig umstritten ist die Frage, ob es nun Cat Island, benannt nach dem Piraten Arthur Catt, oder die Nachbarinsel San Salvador war, die Kolumbus mit seinen Mannen 1492 zuerst betrat. Ungenaue Aufzeichnungen und Namensänderungen haben in der Vergangenheit selbst unter Historikern Verwirrung gestiftet. So wird Cat Island auf einigen alten Landkarten als „San Salvador" bezeichnet und das heutige San Salvador als „Watling's Island". Offiziell gilt heute San Salvador als erste Entdeckung Kolumbus'. Dennoch ließen es sich die Cat Islander nicht nehmen, den großen Seefahrer auf ihrer Insel zu verewigen. Der südöstlichste Zipfel weist in Richtung Spanien und wurde daher **Columbus Point** genannt. Während die Stelle nur zu Fuß zu erreichen ist, kann man die Ruinen der Plantage *Richman Hill-Newfield* bei Devil's Point und das zerfallende Herrenhaus der einst vorbildlichen *Deveaux-Baumwollplantage* (bei Port Howe) mit dem Auto anfahren.

Touristen verirren sich nur in geringer Zahl auf die schöne Insel, deren Infrastruktur kaum entwickelt ist. Die Straßen sind – sofern überhaupt geteert – mit riesigen Schlaglöchern übersät. Die wenigen Hotels befinden sich im Süden der Insel. Die Gewässer vor Cat Island gelten als ausgezeichnete Angelgründe. Badeurlauber finden auf der Insel einen der schönsten Strände der Bahamas, * **Fernandez Bay,** der zur Ferienanlage Fernandez Bay Village gehört. Casuarina-Bäume spenden hier Schatten, und der bogenförmige, cremefarbene Sandstrand fällt nach feinster Postkartenmanier sanft in das warme, türkisfarbene Meer ab.

Nur 2000 Menschen nennen Cat Island ihr Zuhause; die wichtigsten Siedlungen sind **Arthur's Town** und **Bennett's Harbour** im ärmeren Norden sowie **New Bight** im Süden am Fuße des Mount Alvernia. Auf Cat Island wuchs der Hollywoodstar Sidney Poitier (s. S. 21/22) auf, der u. a. mit dem Film „In der Hitze der Nacht" bekannt wurde.

Praktische Hinweise

Baumwollpflanze

✈ Flughäfen in **Arthur's Town** (Bahamasair ab Nassau, 2mal wöchentl.) und **New Bight/Fernandez Bay** (Privatcharter des Fernandez Bay Village).
🚢 Einmal pro Woche **Postschiff** von Nassau.

Kein Taxi-Service, Hotels sorgen für Transfer. **Mietwagen:** Russel Brothers, Bridge Inn, New Bight, ☎ 354-5014.

🏨 **Fernandez Bay Village,** 5 km nördl. New Bight; Buchung in Florida, USA, ☎ (305) 474-4821, 🖷 474-4864. Die schönste Anlage auf Cat Island, rustikale Bungalows am herrlichen Strand; ungezwungene Atmosphäre. Ⓢ

Hotel Greenwood Inn, bei Port Howe, ☎ 342-3055, 🖷 342-3053. Einfache Zimmer direkt am Strand; Pool. Ⓢ

Bridge Inn, New Bight, ☎ 354-5013, in Florida (305) 634-1014, 🖷 354-5041. Einfaches Hotel im Dorf, abends lebhaft, 5Min. zum Strand. Ⓢ

EXUMAS, CAT ISLAND LONG ISLAND UND SAN SALVADOR

Allen Cays · Eleuthera · Norman's Cay · Exuma Land & Sea Park · Sampson Cay · Staniel Cay · Great Guana Cay · Cave Cay · Brigantine Cays · Lee Stocking Island · Steventon · Great Exuma · George Town · William's Town · Little Exuma

Little San Salvador · Benett's Harbour · Arthur's Town · Cat Island · Knowles Village · Fernandez Bay Village · New Bight · Mount Alvernia 63 · Old Bight · Devil's Point · Port Howe · Columbus Point · Tartar Bank

Conception Island · Cockburn Town · San Salvador

Cape Santa Maria · Seymour's Settlement · Stella Maris · Millertons · McKann's · Long Island · Gray's Settlement · Rum Cay · Port Nelson · Sandy Cay · Deadman's Cay · Mangrove Bush · Clarence Town · Dunmore Plantation Ruins · Mortimer's

Exuma Cays · Exuma Sound · Tongue of the Ocean · Ragged Island Range

0 — 40 Meilen
0 — 40 Kilometer

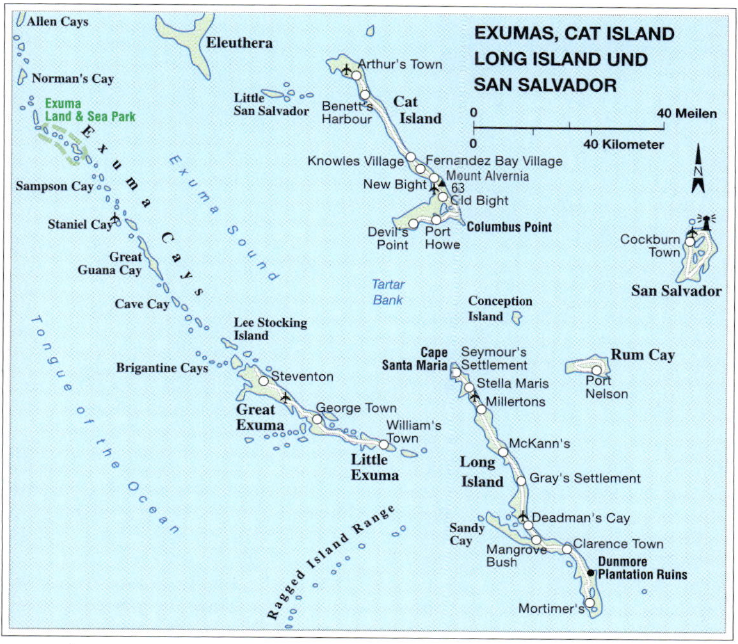

San Salvador

Kolumbus gab sich die Ehre

 Seite 83

Obwohl die Insel mit ihren rund 500 Bewohnern nur 190 km² groß ist und über 300 km von Nassau entfernt am Ostende des Bahamas-Archipels liegt, ist sie dennoch einer der historisch bedeutungsvollsten Punkte der Neuen Welt. Hier soll Christoph Kolumbus am 12. Oktober 1492 nach seiner abenteuerlichen Atlantiküberfahrt erstmals auf Land gestoßen sein. Zwar gibt es Wissenschaftler, die diese Ehre Cat Island oder dem 100 km südöstlich gelegenen Samana Cay zukommen lassen. Doch zum 500. Jahrestag der Entdeckung sprach die Regierung ein Machtwort und bestätigte erneut die Bedeutung San Salvadors.

Rund 5 km südlich des heutigen Zentrums **Cockburn Town** (sprich: *kobörn taun*) soll Kolumbus an Land gegangen sein; seit 1956 steht an dieser Stelle ein * **Kreuz-Monument.** Zu den Gedenkfeiern 1992 wurde daneben ein **Indianerdorf** nachgebaut. Weiter draußen in der Fernandez Bay markiert den Ankerplatz der *Santa María* ein Unterwassermonument.

Im Nordosten der von Salzseen durchlöcherten Insel schickt das berühmte * **Dixon Hill Lighthouse,** der letzte Leuchtturm auf den Bahamas, das Licht einer Kerosinlampe in die karibische Nacht; die Leuchtturmwärterin zeigt nach Absprache ihren Turm.

Darüber hinaus lohnt sich ein Besuch der beiden sagenumwobenen Ruinen **Watling's Castle** an der Südspitze der Insel an der French Bay und **Farquharson Plantation** westlich von South Victoria Hill. Von beiden Gebäuden behaupten die Einheimischen, es handle sich um die Überreste von Piratenschlupflöchern. Die Wahrheit der Ar-

chäologen hört sich weniger spannend an: Es sind die Ruinen ehemaliger Plantagen. Historisch interessierte Urlauber finden sich früher oder später im **San Salvador Museum** in Cockburn Town auf, in dem Ausstellungen zu den Siedlungen der Lucayaner und Gegenstände aus der Zeit des Christoph Kolumbus gezeigt werden (◷ nach Absprache im einzigen Geschenkladen der Stadt). Ähnliches bietet das private **New World Museum** in North Victoria Hill (◷ tgl.).

Die für Reisende ausschlaggebenden Qualitäten San Salvadors liegen jedoch – wie so oft auf den Bahamas – im türkisfarbenen Wasser vor der Küste verborgen: In den klaren Gewässern mit ihren unberührten Korallenriffen können Taucher und Schnorchler bis zu 60 m in die Tiefe sehen. Schon lange bevor man sich wegen Kolumbus für San Salvador interessierte, traf sich die internationale Tauchgemeinde im **Riding Rock Inn,** rund 1 km nördlich von Cockburn Town.

Ein Kuriosum ist übrigens die Start- und Landebahn des winzigen Flughafens bei Cockburn Town: Sie kreuzt ausgerechnet die Hauptverkehrsstraße, den Queen's Highway. Auf bahamanische Weise wird hier der Verkehr geregelt und den Flugzeugen großzügig die Vorfahrt eingeräumt.

Praktische Hinweise

✎ Bahamasair ab/bis Nassau. Club Med und Riding Rock Inn holen ihre Gäste von Nassau ab.
🚢 **Postschiff** von Nassau.

Im Riding Rock Inn können Pkws (ca. 80 $/Tag), Mopeds (rund 30 $) oder Fahrräder (rund 8 $) gemietet werden.

🏠 **Club Med Columbus Isle,** Cockburn Town, ☎ 331–2458. Der 1992 eröffnete Club brachte neues Leben auf die Insel. 270 Zi., Tauchsport. ⑤
Riding Rock Inn, Cockburn Town, ☎ 359–8353. Kleine ruhige Hotelpension (24 Zi.) mit Restaurant. ⑤

Andros

Pinien, Sümpfe und ein Riff

„Ungezähmtes" Andros: Mit rund 6000 km² ist es nicht nur das größte Eiland des Bahamas-Archipels, sondern auch eines der letzten unerforschten Gebiete der westlichen Hemisphäre – ein echtes Naturparadies, das Botaniker, Vogelkundler und Taucher gleichermaßen anzieht. Auf Landkarten wirkt die flache Insel wie ein vertracktes Puzzle für Geographen – unzählige Meeresarme und Seen durchziehen das Land. Die wichtigsten Ansiedlungen befinden sich an der Ostküste: Nicholl's Town im Norden, Andros Town in der Mitte und Congo Town im Süden; keiner der Orte hat mehr als 500 Bewohner. Der undurchdringliche, sumpfige Westteil von Andros ist unbewohnt, von den Insulanern wird das Gebiet zutreffend als The Mud (Schlammküste) bezeichnet.

Es ist sehr mühevoll und hindernisreich, die Insel mit dem Auto zu erkunden. Und wer von Norden nach Süden will, muß spätestens am Meeresarm *North Bight* in ein von einem Ortskundigen gesteuertes Boot umsteigen.

Der größte Schatz der Insel ruht einige hundert Meter vom Ostufer entfernt im Meer. Hier erstreckt sich mit 225 km Länge eines der größten Barriereriffe der Welt: **★★ Andros Barrier Reef,** wahrlich ein Fünf-Sterne-Paradies für Taucher und Schnorchler. Nicht nur die farbenprächtige kleine Fische bekommt man dort zu Gesicht, sondern auch Meerestiere, die die tieferen Regionen bewohnen – große Barsche, Barrakudas, Thunfische oder Hammerhaie: Nachdem man etwa 40 m quer zum Riff getaucht ist und einen mit seltenen schwarzen Korallen bedeckten Felsvorsprung, genannt *Over-the-Wall*, über-

Seite 85

Bunter Spiralröhrenwurm

Der Zackenbarsch zeigt Farbe

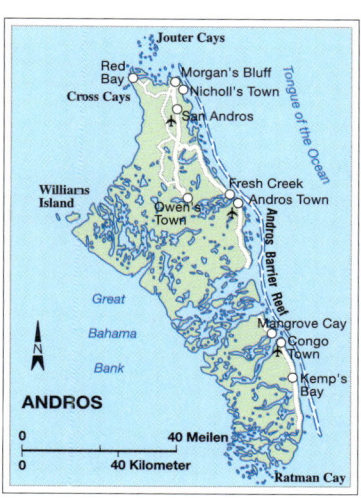

wunden hat, befindet man sich direkt über der 1800 m tiefen Meeresrinne *Tongue of the Ocean*. Die Fauna und Flora in dem erst vor 30 Jahren entdeckten, faszinierenden Graben ist noch nicht vollständig erforscht.

Auch über Wasser steckt Andros, das die Spanier „Insel des Heiligen Geistes" tauften, voller Geheimnisse. Bis heute kursieren Gerüchte über mysteriöse Wesen, die in den dichten Wäldern des Landesinneren hausen sollen – zum Beispiel die *Chickcharnies*, vogelähnliche Gestalten mit funkelnden roten Augen und dreizehigen Füßen.

Dennoch geht das moderne Leben auch an den etwa 8000 Einwohnern von Andros, die sich hauptsächlich vom Fischfang ernähren, nicht spurlos vorüber. Die Touristenzahlen steigen stetig und verhelfen z.B. der kleinen Textilfirma Androsia-Batikmoden in Fresh Creek zu höheren Umsätzen.

Seite 85

Praktische Hinweise

🛬 Flughäfen **San Andros, Andros Town** und **Congo Town**. Flüge von Bahamasair (Nassau) und Gulfstream Airlines (Miami).

🚢 **Postschiffe** von Nassau.

Mietwagen in North Andros, z.B. Cecil Gaiter, Mastic Point, ☎ 329-3043.

🏨 **Andros Lighthouse Yacht Club & Marina,** Fresh Creek, ☎ 368–2305, 📠 368–2300. Modernes All-inclusive-Resort, Treffpunkt der Jachtszene. ⑤

Small Hope Bay Lodge, Fresh Creek, ☎ 368–2013 oder 2014, 📠 368–2015, in USA ☎ (305) 359-8240. Hübsches Strandhütten-Resort, eigenes Tauchcenter, Charter n. Fort Lauderdale. ⑤

Emerald Palms By-The-Sea, Driggs Hill, South Andros, ☎ 369–2661, 📠 369–2667. Familiäres Hotel unter Palmen. Ideal zum Ausspannen. ⑤

🏛 Alle Resorts verfügen über gute Restaurants und eigene Bars.

Geheimnisvolle Welt des Riffs

Schon immer fühlten sich Taucher von Riffen magnetisch angezogen. Dort baden die Sinne in einem Reigen der Farben und Formen, die sich in der Strömung wiegen. Riffe bilden sich in warmen tropischen und vor allem flachen Gewässern. Optisch sind die Korallen – Meereshohltiere, die meist auf dem Untergrund festsitzen und eine Vielzahl von Formen ausbilden – das bestimmende Element. Zugleich spielen viele andere Organismen eine wichtige Rolle in diesem phantastischen Mikrokosmos: Algen sind die wichtigsten Riffgestalter, aber auch Schnecken, Würmer, Stachelhäuter, Wurzelfüßer und Weichtiere tragen ihren Teil bei. Bedingung für das Wachstum der riffbildenden Organismen sind ausreichend Licht, Wärme und sauerstoffreiches, klares Wasser ohne Trübstoffe.

Bei der Form der Riffe unterscheidet man *Saumriffe*, die der Küste unmittel-bar vorgelagert sind, *Barriere-* oder *Wallriffe*, die den Saumriffen ähneln, jedoch sehr groß sind und sich weit vor der Küste befinden, *Plattformriffe*, die entstehen, wo der Meeresboden nahe an die Wasseroberfläche reicht, und ringförmige *Atolle*.

In den Riffregionen der Bahamas wachsen faszinierend viele farbenprächtige Korallen – zum Beispiel die eindrucksvolle Elchgeweihkoralle, die Hornkoralle, deren Fächer sich nach der Strömung ausrichten, und die Wabenkoralle. Am Andros Barrier Reef findet man die sehr seltene Schwarze Koralle. Zum Lebensraum Riff gehören auch der hübsch gestreifte Grunt, Schnapper und Barsche, der regenbogenfarbene Parrotfish (Seepapageifisch), Basslet, Angelfish (Meerengel), der Triggerfish (Drückerfisch), Trumpetfish (Schnepfenfisch), Goatfish (Meerbarbe) und Wrasse (Lippfisch).

Bimini Islands

Manche der blue holes sind deutlich aus der Luft zu erkennen

Hemingway auf der Spur

Für Amerikaner haben die winzigen Biminis einen großen Vorteil: sie sind kaum mehr als 80 km von Miami entfernt. Das wußte in den 30er Jahren auch Ernest Hemingway zu schätzen; viel wichtiger aber war dem Schriftsteller, Raufbold und Sportangler die Tatsache, daß man von einem Ausflug in die Gewässer der Biminis selten ohne kapitalen Fisch zurückkam.

Noch heute wandeln die meisten Besucher auf den Spuren des Literaten: Ungefähr genausoviel Zeit wie beim Hochseefischen verbringen sie in Hemingways Stammlokal, der Bar des Hotels *The Compleat Angler* in **Alice Town**. In der kleinen Hauptstadt gibt es alles, was Angler brauchen, und auf den Inseln finden jedes Jahr über ein Dutzend sogenannter *Billfish Tournaments* statt, bei denen ausschließlich Schwertfische gejagt werden.

Eine Goldmakrele ist sein Stolz

Doch **South Bimini** und **North Bimini** mit ihren 23 km² warten mit mindestens drei weiteren Vorzügen auf: viele geschützte Buchten und Marinas für Jachtkapitäne; Sonnenanbeter begeistern sich für die feinsandigen Strände nordöstlich von Alice Town. Und **Paradise Point** auf North Bimini birgt eines der meistbeachteten Unterwassergeheimnisse der Bahamas: Gesteinsformationen, in denen manche die Überreste der versunkenen Stadt Atlantis erkennen wollen.

Die Mehrheit der rund 1600 Insulaner lebt im Osten von North Bimini. Die winzigen Ausmaße der Inseln machen es möglich, völlig auf das Auto zu verzichten: Gut zehn

Minuten braucht man zu Fuß, um von Alice Town ins Zentrum der zweitgrößten Siedlung, **Bailey Town,** zu gelangen. Hier ist eine Methodistenkirche aus der Mitte des vorigen Jahrhunderts zu besichtigen.

Auf South Bimini gibt es nur ein paar Ferienhäuser und einen Flughafen. Im Süden schließen sich kleine Cays an. Das bekannteste, Cat Cay, beherbergt den exklusiven Cat Cay Yacht Club (members only!), in dem Wirtschaftsbosse, internationale Stars und Adelige ihren Vergnügungen nachgehen.

Praktische Hinweise

🛬 Island Express täglich von Fort Lauderdale (Fl.) nach South Bimini; mit Wasserflugzeugen der Chalk's Intl. Airline (Fort Lauderdale, Miami/Watson Island) nach North Bimini (Alice Town) bzw. Cat Cay. Ferner Flüge mit Chalk's ab Nassau/Paradise Island.
🚢 **Postschiff** ab/bis Nassau.

🏨 **Bimini Big Game Fishing Club,** P.O. Box 609, Alice Town, ☎ 347-2391, 📠 347-2392. Mit 35 Zi., diversen Bungalows und Penthäusern die größte Hotelanlage der Inseln. $)
Bimini Blue Water Resort, Alice Town, ☎ 347-3166, 📠 347-3293. Mit 22 Zi., zwei Suiten und der Marlin-Cottage, einem Ferienhäuschen, das vor seiner Renovierung schon Hemingway als Unterschlupf diente, die beste Unterkunft für Sportangler. $)
The Compleat Angler Hotel, Alice Town, ☎ 347-3177, 📠 347-3293. Hotel für bescheidene Ansprüche, das Hemingway-Atmosphäre garantieren kann. 1935–1937 war es das zweite Zuhause des Schriftstellers. In der **Bar** sind die Nächte lang – kein Platz für Leute, die gern früh zu Bett gehen. $
🏨 **Fisherman's Wharf,** King's Hwy., Alice Town, im Bimini Fishing Club, ☎ 347-3391. Beste Küche auf den Biminis. $)
Anchorage Dining Room, King's Highway, Alice Town. Bietet den schönsten Blick über den Hafen. $)

Berry Islands

Überall „schillernde Vögel"

Die rund 30 kleinen Inselchen der Berry Islands formieren sich rund 60 km nordwestlich von New Providence zu einem in Stücke zersprungenen Halbmond. Die meisten „Berries" sind unbewohnt; einige aber haben begüterte Ausländer zu ihrem Privatparadies umgestaltet, zum Beispiel Wallace Groves, Multimillionär und Gründer der Stadt Freeport auf Grand Bahama, der auf Little Whale Cay eine luxuriöse Villa und ein Vogelreservat sein eigen nennt.

Die ersten Siedler der Berry Islands waren befreite Sklaven, die 1836 nach Great Stirrup Cay gebracht wurden. Heute leben gut 600 Insulaner, die sich von Fischfang, Schwammtauchen und Tourismus ernähren, größtenteils im Norden auf **Great Harbour Cay,** das gerade 15 km lang und 2,5 km breit ist. **Bullock's Harbour** ist ein winziges, ziemlich verschlafenes Nest mit ein paar Restaurants und einem Tante-Emma-Laden. Verheerend wirkte sich der Hurrikan aus, der Anfang der 90er Jahre eines der beiden Ferien-Resorts, den *Chub Cay Club* im Süden der Berries, zerstörte. Dies hat die touristische Entwicklung der Inseln um Jahre zurückgeworfen. Auf der Hitliste der Sportangler stehen die Berry Islands trotzdem – gleich an zweiter Stelle nach den Biminis. Zu fangen gibt es vor allem Schwertfische, Barsche, Makrelen, Thunfische und Bonefish.

Die insgesamt 10 km langen einsamen Sandstränden von Great Harbour Cay sind vom einzigen Resort leicht zu Fuß zu erreichen; hier kann man auch erfahren, wie man mit dem Leihboot zu einer der versteckten Buchten auf den benachbarten Cays gelangt.

Neben Schwalben und Pelikanen haben sich seltene Vögel, so Bahamaelfe und Rotfußdrossel, die stillen Eilande am Rande der unheimlichen Tiefen der *Tongue of the Ocean* zur Heimat gemacht.

Praktische Hinweise

✈ Auf Chub Cay und Great Harbour Cay je eine kleine Landebahn, die von privaten Charterfluggesellschaften genutzt werden, z.B. Trans Island Airways, ☎ 327-8329, Nassau.
🚢 **Postboot** von Nassau.
🏨 **Great Harbour Cay Yacht Club & Marina,** ☎ 367-8838, 📠 (USA) 305-921-1044. Luxuriöse Hotelanlage mit Restaurants und Bars, Jachthafen für 80 Boote. Ⓢ

Hemingway mit einem Thunfisch

„Der alte Mann und das Meer"

Seine Liebe zu den Bahamas entdeckte der amerikanische Schriftsteller **Ernest Hemingway** (1899–1961) in den 30er Jahren. Er lebte in Key West (Florida), als Bekannte ihm berichteten, daß die Gewässer rund um die nur 80 km von Florida entfernten Bimini Islands dem Sportangler einiges zu bieten hätten. Grund genug für Hemingway, die Inseln 1935 selbst zu besuchen. Schließlich war er von dem Ehrgeiz besessen, beim Hochseeangeln stets die größten Fische an Land zu ziehen. Und je härter und brutaler der Kampf mit der Beute, um so größer das Vergnügen. Auch nicht gerade bescheiden war der Alkoholkonsum des Autors, dessen Lieblingsplatz am Bartresen seines Stammhotels *The Compleat Angler* in Alice Town war.

Um seiner dritten Leidenschaft, dem Boxen, frönen zu können, sorgte Hemingway dafür, daß auf Bimini regelmäßig Faustkämpfe stattfanden und Meinungsverschiedenheiten unerwartet häufig im Ring ausgetragen wurden. Selbstverständlich blieb er dabei nicht untätiger Zuschauer, sondern mischte kräftig mit. Stolze 250 $ – eine immense Summe zu jener Zeit – versprach er demjenigen Einwohner Biminis, der sich in einem drei Runden langen Kampf gegen ihn behaupten könnte. Viele der relativ armen Insulaner empfanden das als höchst verlockendes Angebot, aber kein Herausforderer kam je in den Genuß des Geldes. Hemingway blieb stets der Sieger.

Seine Angelerfolge, exzessiven Trinkgewohnheiten und die Faustkämpfe brachten dem Journalisten und Autor auf den Biminis vielleicht genausoviel Ruhm ein wie seine Bücher. In zwei Romanen haben Hemingways Erlebnisse auf den Bimini Islands ihren Niederschlag gefunden: „Inseln im Strom" und „Der alte Mann und das Meer".

Inagua

Dem Wappentier alle Ehre

Great Inagua ist das drittgrößte und zugleich südlichste Eiland des Archipels. An klaren Tagen wird im Südwesten Kuba sichtbar, und Haiti ist viel näher als Nassau. Rund 90 km ist sie lang, gerade 30 km breit – die flache Heimat von etwa 1000 Bahamanern. Nur selten geht hier ein Regenschauer nieder, oft weht ein kräftiger Passat. Diese unwirtlichen Bedingungen halten die Pflanzen niedrig, gleichzeitig aber haben sie die Grundlage für den relativen Wohlstand der Insulaner geschaffen – die Salzteiche. Heute gewinnt die Morton Salt Company mit modernen Maschinen große Mengen des lebenswichtigen Minerals.

Das dürftige „Straßennetz" reicht nicht sehr weit über **Matthew Town** am westlichen Zipfel der Insel hinaus. Der große Rest von Great Inagua – und ganz Little Inagua – ist den Tieren vorbehalten. Am **Lake Windsor** (in manchen Karten *Lake Rosa*), Teil des grandiosen ** Inagua National Park** auf Great Inagua, versammeln sich jedes Jahr Zehntausende von Flamingos und machen den See damit zur größten Flamingo-Brutstätte der westlichen Hemisphäre. Auch Kormorane, Pelikane und Löffelreiher gesellen sich zu ihnen. Das unbewohnte **Little Inagua** ist ebenfalls ein Paradies seltener gefiederter Gesellen, zum Beispiel der Westindischen Baumenten, die sich die Insel mit wilden Ziegen und Eseln teilen.

✈ ⛴ Nassau.

⌂ Zwei Gästehäuser auf Great Inagua: **Main House** der Morton Salt Company und **Ford's Inagua Inn** sind zweckmäßige Unterkünfte für Naturfans.

Ein Meer von Rosa

Der leuchtend rosafarbene Flamingo (Phoenicopterus ruber) scheint nicht ohne Grund das Wappentier der Bahamas geworden zu sein. Die aparten, großen Wasservögel mit ihren staksigen Watbeinen und den typischen abwärts gebogenen Schnäbeln haben innerhalb des Archipels auf Great Inagua ihr Hauptquartier aufgeschlagen. Damit das auch so bleibt, gründeten Naturschützer den *Inagua National Park*, der mit 750 km² mehr als ein Drittel der Insel einnimmt. Früher waren die farbenprächtigen Vögel überall auf den Bahamas zu Hause, doch ihre Arglosigkeit gegenüber dem Menschen und ihr buntes Gefieder machten sie zur leichten Beute von Jägern, die das wohlschmeckende Fleisch schätzten.

30000 bis 50000 Flamingos finden sich jedes Frühjahr am Lake Windsor ein, vollführen unterhaltsame Balztänze und sind später mit der Aufzucht ihrer Jungen beschäftigt. Die bis zu 1,4 m hohen Wasservögel brüten auf kegelförmigen Schlammnestern, die meist mit zwei weißen, 5–9 cm großen Eiern bestückt sind. Die ungewöhnliche Farbe ihres Federkleides verdanken die Flamingos übrigens ihrer bevorzugten Speise, einer bestimmten Algenart, die sie mit ihrem Schnabel im Schlamm aufwühlen.

Besucher, die die großen, attraktiven Vögel beobachten wollen, können nur unter der Aufsicht eines Führers des *Bahamas National Trust* (s.S. 31/32) zum Lake Windsor gelangen. Spätestens wenn sich ein ganzer Schwarm von Flamingos aus dem seichten Wasser erhebt und wie ein einziger rosafarbener Teppich gegen die Sonne fliegt, wird jeder schwören, daß dies der schönste Ausflug seines Lebens ist.

Acklins &
Crooked Islands

Leguane in der Lagune

Die beiden Inseln, die nur die schmale Lovely Bay trennt, wurden schon immer in einem Atemzug genannt. Zusammen mit dem kleineren Long Cay rahmen sie schützend ein feuchtes Naturparadies ein, die seichte Lagune Bight of Acklins: Auf den winzigen Inseln dieser Bucht lebt eine seltene kleinere Leguanart der Gattung Anolis (s. S. 77). Auch Touristen sind auf den beiden Eilanden eine Rarität, und nur etwa 400 Fischer und Bauern haben auf jeder der beiden Inseln ihr Zuhause, das über 360 km – und damit Welten – von der bahamanischen Hauptstadt Nassau trennen.

Salzberge in den Salinen von Great Inagua

Auch wenn sich heute nicht mehr allzuviel abspielt – man blickt auf eine bedeutende Vergangenheit zurück: Neuesten Erkenntnissen zufolge soll sich an der Küste von Acklins Island einst eine große Lucayaner-Siedlung, vielleicht die größte auf den Bahamas, befunden haben. Neben der für alle südlichen Inseln typisch jungfräulichen Natur gibt es auf Acklins und Crooked keine kulturellen Musts, dafür herrliche, einsame Sandstrände, die Überreste einiger verlassener Baumwollplantagen und drei über 100 Jahre alte Leuchttürme.

Etwa 20 cm groß werden die flinken Ringelschwanz-Eidechsen

Praktische Hinweise

✎ Bahamasair fliegt zweimal pro Woche von Nassau nach Crooked Island (Colonel Hill) und Acklins Island (Spring Point).

Nistkolonie der Flamingos am Lake Windsor auf Great Inagua

🚢 **Postboot** aus Nassau, MV Windward Express, einmal wöchentlich. Fähre zwischen Crooked Island und Acklins Island.

Auf Crooked Island gibt es **Taxis,** die man aber am besten vor der Ankunft über das gebuchte Hotel bestellt.

🏠 Nur auf Crooked Island finden sich zwei Unterkünfte:
Caribe Bay at Pittstown Point, Landrail Point, ☎ 336-2507, 📠 (USA) 504-626-5849, liegt recht isoliert im Norden der Insel und verfügt über 14 Zimmer, ein Telefon für Notfälle und eine eigene kleine Landebahn samt Privatflugzeug. ⓢ

Crooked Island Beach Inn, Cabbage Hill, ☎ 344-2321. Bescheidene Pension mit sechs Zimmern direkt am Strand; nur 5 Min. vom Inselflughafen entfernt. ⓢ

Ausflug nach Mayaguana Island

Verschlafen scheint die rund 300 km² große Insel im Atlantik zu treiben, unberührt vom Geschehen im Regierungssitz Nassau. Nur selten wagt sich ein abenteuerlustiger Tourist in das fast jungfräuliche Naturparadies mit den herrlichen Sandstränden. Kaum mehr als 400 Menschen nennen das Eiland ihre Heimat, meist Fischer und Bauern, denen die Abgeschiedenheit durchaus gefällt.

Das Postschiff aus Nassau, das zuvor auf Crooked und Acklins sowie auf Long Cay halt macht, trifft am Ende seiner Runde auch in Mayaguana ein. Außer mit einem privat gecharterten Flugzeug kann man auf dem Luftweg auch mit dem Linienservice der Bahamasair auf die Insel gelangen.

Für strapazengewohnte Reisende gibt es wenige sehr bescheidene private Unterkünfte. Voranmeldung ist allerdings nicht möglich, da es an Telefonen mangelt – ein Risiko, das man bedenken sollte.

Praktische Hinweise von A–Z

Ärztliche Versorgung

Die medizinische Versorgung auf den Bahamas ist sehr gut. In den Zentren Nassau und Freeport/Lucaya stehen ausreichend Ärzte und Krankenhäuser zur Verfügung. In Nassau praktiziert der deutschsprechender Arzt Dr. Ted Allen, Shirley Street, ☎ 322-3831, 323-7477. Auf den Out Islands gibt es über 100 Arztpraxen und kleinere Kliniken. Kann ein Patient dort nicht ausreichend versorgt werden, wird er mit dem Notflugdienst ins **Princess Margaret Hospital** nach Nassau geflogen.

Wer ständig spezielle Medikamente einnehmen muß, sollte sie mitbringen; auch ein Prophylaxe-Paket aus Kopf-, Zahn-, Halsschmerz- und Magen- und Darmtabletten kann hilfreich sein.

Ausrüstung und Gepäck

Einpacken sollte man neben Badesachen und leichter Kleidung aus Naturfasern Hut oder Schildmütze zum Schutz gegen die Sonne, wasserfeste Sonnencreme mit hohem Lichtschutzfaktor, Sunblocker für Nase und Lippen sowie eine insektenabweisende Creme.

Behinderte

Es gibt ca. 30 behindertengerechte Hotels. ❶ im Reisebüro oder beim Bahamas Tourist Office in Frankfurt.

Diplomatische Vertretungen

Deutschland: Ernst Brockmeier, Honorarkonsul, P.O. Box N 3035, Nassau, ☎ 322-8032. *Österreich:* Heinz Kloihofer, Honorarkonsul, P.O. Box SS 6519, Nassau, ☎ 363-2929.

Schweiz: Roland R. Huber, Honorarkonsul, P.O. Box N 3023, Nassau, ☎ 322–8345.

Ein- und Ausreise

Deutsche, Österreicher und Schweizer benötigen für einen Aufenthalt bis zu drei Monaten einen gültigen Reisepaß. Informationen über die erforderlichen Papiere für einen längeren Aufenthalt beim Bahamas Tourist Office in Frankfurt oder beim Immigration Department, P.O. Box N 831, Nassau.

Elektrizität

Die Netzspannung beträgt 110 Volt, 60 Hz Wechselstrom; in die Steckdosen passen amerikan. Flachstecker, Adapter besorgt man am besten zu Hause.

Feiertage

Zehn gesetzliche Feiertage: Neujahr, Karfreitag, Ostermontag, Pfingstmontag, Labour Day (1. Freitag im Juni), Independence Day (10. Juli), Emancipation Day (1. Montag im August), Discovery Day (12. Oktober), Weihnachten (25. und 26. Dezember).

Fotografieren

Die Einheimischen haben es nicht gerne, wenn sie ungefragt fotografiert werden. Das gilt auch auf den Märkten, wo überaus reizvolle Motive locken.

Filmmaterial ist sehr teuer und in größerer Auswahl nur in Fotogeschäften in Nassau oder in den Läden der großen Hotels erhältlich.

Geld und Währung

Offizielle Währung ist der dem US $ im Wert gleichgestellte **Bahama Dollar** (B $). Beide Währungen werden überall akzeptiert. Alle anderen Währungen kann man nur bei den Banken in Nassau, Freeport/Lucaya und an den dortigen Flughäfen umtauschen. Auch Hotels wechseln Geld, verlangen aber hohe Gebühren. In den Touristenzentren von New Providence und Grand Bahama kann man mit den bekannten **Kreditkarten** bezahlen, auf den Out Islands – außer in den großen Ferienanlagen und Hotels – empfiehlt es sich, ausreichend Bargeld oder Travellerschecks (in US $) mit sich zu führen.

Gesundheitsvorsorge

Spezielle Impfungen werden für die Bahamas nicht verlangt. Das Trinkwasser auf den Hauptinseln gilt als sauber; sicherer ist es, in Flaschen abgefülltes Wasser zu trinken. Der ärgste Feind der Urlauber ist die Sonne: Unbedingt die Mittagshitze meiden und gut eincremen; T-Shirt beim Schnorcheln tragen.

Glücksspiel

Es gibt verschiedene Kasinos auf New Providence (Cable Beach und Paradise Island) und Grand Bahama (Freeport und Lucaya). Glücksspiele sind auf den Bahamas legal, Einheimische dürfen sich allerdings nicht beteiligen.

Informationen

Zuständig für den gesamten deutschsprachigen Raum ist das **Bahamas Tourist Office,** Leipziger Straße 67d, 60487 Frankfurt/M., ☎ (069) 9708340, 🖷 (069) 9708 34 34.

Das Tourismusministerium auf den Bahamas ist in Nassau im selben Gebäudekomplex wie der Straw Market untergebracht: **Bahamas Ministry of Tourism,** Bay Street, P.O. Box N 3701, Nassau, ☎ 322-7500, 🖷 328-0945. Informationsbüros in Nassau in der Bay Street, am Rawson Square, am Flughafen und auf Grand Bahama im International Bazaar in Freeport.

Kleidung

Während man sich auf den Out Islands auch am Abend locker gibt, werden in den besseren Restaurants in Nassau bei Männern Jackett und Krawatte und bei Frauen ebenfalls gepflegte Kleidung erwartet. Außerhalb des Strandbereichs sollte man keine Badekleidung tragen.

Krankenversicherung

Es besteht kein Gesundheitsabkommen zwischen den Bahamas und mitteleuropäischen Ländern, so daß es sich unbedingt empfiehlt, eine Reisekrankenversicherung abzuschließen. In jedem Fall muß man die Behandlungskosten zunächst selbst bezahlen.

Kriminalität

Auf den Out Islands gibt es keine Probleme mit der Kriminalität. In Nassau und Freeport aber sollte man sich – vor allem wegen der Drogenkriminalität – am Abend besser in den belebten Zentren aufhalten und in anderen Stadtteilen bei Dunkelheit ein Taxi nehmen.

Maßeinheiten

1 inch = 2,54 cm; 1 foot = 0,305 m;
1 mile = 1,609 km;
1 square mile = 2,69 km²;
1 gallon = 3,785 l;
1 ounce = 28,35 g; 1 pound = 0,454 kg.

Medien

6 Zeitungen, darunter 2 nationale Tageszeitungen, *The Nassau Guardian* und *The Tribune,* halten Sie auf dem laufenden; außerdem kann man am Kiosk US-Zeitungen und eine britische Zeitung kaufen. Es gibt mehrere Radio- und einen Fernsehsender und über Satellit viele US-Fernsehprogramme.

Notruf

Polizei und Feuerwehr: 919;
Ambulanz in Nassau: 322-2221.

Öffnungszeiten

Firmen, Behörden und Geschäfte:
Mo–Fr 9–17 oder 18 Uhr;
Läden sind auch samstags geöffnet.
Banken: Mo–Do 9.30–15 Uhr,
Fr 9.30–17 Uhr.

Post

Postämter sind Mo–Fr 8.30–17.30 Uhr, Sa 8.30–12.30 Uhr geöffnet. Briefe innerhalb der Bahamas kosten 25 Cents, Postkarten 15 Cents, nach Europa 60 Cents (Briefe) und 40 Cents (Karten).

Taxi

Taxis verfügen über Zähler, die Tarife sind von der Regierung festgesetzt. Es können auch Stunden-/Tagespreise für Rundfahrten vereinbart werden; **Wassertaxis** fahren nur zu festgesetzten Zeiten von den jeweiligen Docks ab.

Telefon

Vorwahl für die Bahamas: 001–809. Bei Gesprächen von den Bahamas: Vorwahl für Deutschland 0 11 49, Österreich 0 11 43, Schweiz 0 11 41, dann die Ortskennzahl (ohne die 0) und die Rufnummer. Ein Telefonat ins Ausland ist auf den Bahamas ein teurer Spaß: Nach Deutschland z.B. kosten die ersten drei Minuten 15 $, in den Hotels sind die Gebühren noch höher; dort werden zum Teil alleine für längeres Klingeln beim Angerufenen Gebühren fällig (unbedingt an der Rezeption oder bei der Telefonvermittlung erkundigen). Es empfiehlt sich, internationale Telefonkarten (z.B. AT&T) zu benutzen.

Trinkgeld

In manchen Restaurants ist die Bedienung in der Rechnung inbegriffen; andernfalls gibt man etwa 15 % Trinkgeld. Bei Taxifahrten wird aufgerundet, Hotelpagen erhalten 1 $ pro Gepäckstück.

Zeit

Atlantic Standard Time, d.h. MEZ minus 6 Stunden; während der mitteleurop. Sommerzeit minus 7 Stunden.

Zollbestimmungen

Eingeführt werden dürfen pro Besucher: 0,9 l Spirituosen, 50 Zigarren oder 200 Zigaretten und Geschenke im Wert bis zu 100 $. Bei der Rückreise erlaubt die EU die zollfreie Einfuhr von 225 g Eau de Toilette oder 50 g Parfüm, 200 Zigaretten oder 50 Zigarren und 1 l Spirituosen.

Register

Bildnachweis

Alle Fotos APA Publications/Wolfgang Rössig außer Archiv für Kunst und Geschichte, Berlin: 19, 89. Dokumente des Meeres/Tins: 31/3. Reiner Ertl: 7/2, 39/2, 47/3, 65/3, 77/1. Gerold Jung: 11/1, 17/1, 21/3, 25/1, 29/1, 31/2, 43/1, 47/1. Taurus Photo/United Artists: 23/1. Terraqua/Tins: 1, 9, 11/2, 15/2, 21/2, 29/2, 31/1, 35/1, 37, 43/2, 45/2, 61/1, 63/2, 65/1, 73/3, 81/1, 83/1, 85, 87, 91. Gertraud M. Trox: 27/2. Bavaria Bildagentur/Photobank: Umschlag (Bild). Superbild/Bernd Ducke: Umschlag (Flagge).

Langenscheidt Mini–Dolmetscher

Allgemeines

Guten Morgen	Good morning [gud **moh**ning]
Guten Tag (nachmittags)	Good afternoon [gud after**nuhn**]
Hallo!	Hi! [hai]
Wie geht's?	How are you? [hau ah‿ju]
Danke, gut.	Fine, thank you. [fain, **θänk**‿ju]
Ich heiße ...	My name is... [mai **nehm**‿is]
Auf Wiedersehen.	bye-bye. [baibai]
Morgen	morning [**moh**ning]
Nachmittag	afternoon [after**nuhn**]
Abend	evening [**ihw**ning]
Nacht	night [**nait**]
morgen	tomorrow [tu**morroh**]
heute	today [tu**deh**]
gestern	yesterday [**jes**terdeh]
Sprechen Sie Deutsch?	Do you speak German? [du‿ju ßpihk **dschöh**mən]
Wie bitte?	Pardon? [**pahdn**]
Ich verstehe nicht.	I don't understand. [ai **dohnt** anderß**tänd**]
Würden Sie das bitte wiederholen?	Would you repeat that please? [wud‿ju ri**piht** ðät, plihs]
Bitte	Please [**plihs**]
Danke	Thank you [**θänk**‿ju]
Keine Ursache.	You're welcome. [joh **wäll**kamm]
Was/wer/ welcher	what / who / which [wott / huh / **witsch**]
Wo/wohin	where [**wäə**]
Wie/wieviel/ wann/wie lange	how/how much/when/ how long [hau / hau matsch / **wänn** / hau long]
Warum?	why [**wai**]
Wie heißt das?	What is this called? [**wott**‿is ðiß **kohld**]
Wo ist ...?	Where is ...? [**wäər**‿is ...]
Können Sie mir helfen?	Can you help me? [kän‿ju **hälp**‿mi]
ja	yes [**jäß**]
nein	no [**noh**]
Entschuldigen Sie.	Excuse me. [ik**ßkjuhs** mi]

Sightseeing

Gibt es hier eine Touristen-information?	Is there a tourist infor-mation? [is‿ðər‿ə **tuə**rist infəmehschn]
Haben Sie einen Stadt-plan / ein Hotelverzeich-nis?	Do you have a city map/ a hotel guide? [du‿ju häw‿ə ßiti mäpp / hoh**täll** gaid]
Welche Sehenswürdig-keiter gibt es hier?	What are the local sights? [**wott**‿ə ðə lohkl ßaitß]
Wann ist das Museum / die Kirche / die Ausstellung geöffret?	When are the opening hours of the museum/ the church / the ex-hibition? [**wänn**‿ah ði ohpning auers əw ðə mjusieəm / ðə **tschöht**sch / ði egsi**bischn**]
Wegen Re-staurierung geschlossen.	Closed for restoration. [**klohsd** fə räßtə**rehschn**]

Shopping

Wo gibt es ...?	Where can I find ...? [**wäə** kən‿ai **faind** ...]
Wieviel kostet das?	How much is this? [hau‿matsch is‿ðiß]
Das ist zu teuer.	This is too expensive. [ðiß‿is **tuh** ikß**pänn**ßiw]
Das gefällt mir (nicht).	I like it. / I don't like it. [ai **laik**‿it / ai **dohnt** laik‿it]
Gibt es das in einer anderen Farbe / Größe?	Do you have this in a different colour / size? [du‿ju **häw**‿ðiß in‿ə **diffr**ənt **kall**er/ßais]
Ich nehme es.	I'll take it. [ail **tehk**‿it]
Wo ist eine Bank?	Where is a bank? [**wäər**‿is ə‿**bänk**]
Ich suche einen Geldauto-maten.	I am looking for a cash dispenser. [aim **luck**ing fər‿ə **käsch** diß**pänn**ser]
Geben sie mir 100 g Käse / zwei Kilo Pfirsiche.	Could I have a hundred grams of cheese/ two kilograms of peaches. [kud‿ai häw‿ə **hann**drəd grämms‿əw **tsch**ihs / tuh kiləgrämms‿əw **piht**schis]
Haben Sie deutsche Zeitungen?	Do you have German newspapers? [du‿ju häw **dschöh**mən njuhß**peh**pers]
Wo kann ich telefonieren / eine Tele=on-karte kaufen?	Where can I make a phone call / buy a phone card? [**wäə** kən‿ai mehk‿ə **fohn**‿kohl / bai‿ə **fohn**‿kahd]

Notfälle

Ich brauche einen Arzt / Zahnarzt.	I need a doctor / a dentist. [ai nihd_ə dockter/ə dänntist]
Rufen Sie bitte einen Krankenwagen / die Polizei.	Please call an ambulance / the police. [plihs kohl ən_ämmbjulənß/ðə pəlihß]
Wir hatten einen Unfall.	We've had an accident. [wihw häd ən_äckßidənt]
Wo ist das nächste Polizeirevier?	Where is the nearest police station? [wäər_is ðə niərəßt pəlihß ßtehschn]
Ich bin bestohlen worden.	I have been robbed. [ai həw bihn robbd]
Mein Auto ist aufgebrochen worden.	My car has been broken into. [mai kah həs bihn brohkən inntu]

Essen und Trinken

Die Speisekarte, bitte.	The menu please. [ðə männju plihs]
Brot	bread [bräd]
Kaffee	coffee [koffi]
Tee	tea [tih]
mit Milch / Zucker	with milk / sugar [wið_milk / schugger]
Orangensaft	orange juice [orrəndsch_dschuhß]
Mehr Kaffee, bitte.	Some more coffee please. [ßəm_moh koffi plihs]
Suppe	soup [ßuhp]
Fisch / Meeresfrüchte	fish / seafood [fisch / ßihfud]
Fleisch / Geflügel	meat / poultry [miht / pohltri]
Beilage	sidedish [ßaid_disch]
vegetarische Gerichte	vegetarian food [wädschətäriən fud]
Eier	eggs [ägs]
Salat	salad [ßäləd]
Dessert	dessert [disöht]
Obst	fruit [fruht]
Eis	ice cream [aiß krihm]
Wein	wine [wain]
weiß / rot / rosé	white / red / rosé [wait / räd / rohseh]
Bier	beer [biə]
Aperitif	aperitif [əpärrətihf]
Wasser	water [wohter]
Mineralwasser	mineral water [minnrəl wohter]
mit / ohne Kohlensäure	sparkling / still [ßpahkling / ßtill]
Limonade	lemonade [lämmənehd]
Frühstück	breakfast [bräckfəßt]
Mittagessen	lunch [lanntsch]
Abendessen	dinner [dinner]
ein Imbiß	a snack [ə_ßnäck]
Ich möchte zahlen.	I would like to pay. [ai_wud laik_tə peh]
Es war sehr gut/nicht so gut.	It was very good / not so good. [it_wəs wärri gud / nott_ßoh gud]

Im Hotel

Ich suche ein gutes / nicht zu teures Hotel.	I am looking for a good / not too expensive hotel. [aim lucking fər_ə gud / nott ßoh ickßpännßiw hohtäll]
Ich habe ein Zimmer reserviert.	I have booked a room. [ai həw buckt ə ruhm]
Ich suche ein Zimmer für ... Personen.	I am looking for a room for ... persons. [aim lucking fər_ə ruhm fə ... pöhßns]
Mit Dusche und Toilette.	With shower and toilet. [wið schauər_ənd toilət]
Mit Balkon / Blick aufs Meer.	With a balcony / overlooking the sea. [wið_ə bälkəni / ohwerlucking ðə ßih]
Wieviel kostet das Zimmer pro Nacht?	How much is the room per night? [hau_matsch is ðə ruhm pə_nait]
Mit Frühstück?	Including breakfast? [inkluhding bräckfəßt]
Kann ich das Zimmer sehen?	Can I see the room? [kən_ai ßih ðə ruhm]
Haben Sie ein anderes Zimmer?	Do you have another room? [du_ju häw ənaðer ruhm]
Das Zimmer gefällt mir (nicht).	I like the room. / I don't like the room. [ai laick ðə ruhm / ai dohnt laick ðə ruhm]
Kann ich mit Kreditkarte zahlen?	Do you accept credit cards? [du_ju əckßäppt krädit_kahds]
Wo kann ich parken?	Where can I park the car? [wäə kən_ai pahk ðə kah]
Können Sie das Gepäck in mein Zimmer bringen?	Could you bring the baggage to my room? [kud_ju bring ðə bäggidsch tə_mai ruhm]
Haben Sie einen Platz für ein Zelt / einen Wohnwagen / ein Wohnmobil?	Is there room for a tent / a caravan / a camper? [is_ðə ruhm fər_ə tänt / ə kärəwən / ə kämper]
Wir brauchen Strom / Wasser.	We need electricity / water [wi nihd iläcktrißəti / wohter]